Sammlung außerdeutscher Strafgesetzbücher in deutscher Übersetzung

Herausgegeben vom MAX-PLANCK-INSTITUT
für ausländisches und internationales Strafrecht in Freiburg i. Br. durch
Professor Dr. Dr. h. c. mult. Hans-Heinrich JESCHECK,
Professor Dr. Albin ESER und Professor Dr. Günther KAISER

CIII

Das ungarische Strafverfahren

1987
Walter de Gruyter · Berlin · New York

Das ungarische Strafverfahren Gesetz I von 1973

Übersetzt von

Dr. László Pusztai
Staatliches Institut für Kriminologie und Kriminalistik, Budapest

Mit einer Einleitung von

Professor Dr. Tibor Király
Eötvös Loránd Universität
Budapest

1987

Walter de Gruyter · Berlin · New York

Gedruckt mit Unterstützung der Gesellschaft für Rechtsvergleichung

CIP-Kurztitelaufnahme der Deutschen Bibliothek

Das ungarische Strafverfahren : Gesetz I von 1973 / übers. von László Pusztai. Mit e. Einl. von Tibor Király. — Berlin ; New York : de Gruyter, 1987.
(Sammlung ausserdeutscher Strafgesetzbücher in deutscher Übersetzung ; 103)
ISBN 3-11-007732-9
NE: Pusztai, László [Übers.]; GT

Printed in Germany.

Satz und Druck: Hildebrand, Berlin 65
Buchbindearbeiten: Dieter Mikolai, Berlin 10

Inhaltsverzeichnis

Einleitung*

I.

Die Quellen des Strafverfahrensrechts

1. Der erste in Kraft getretene Strafverfahrenskodex Ungarns war die Strafprozeßordnung vom Jahre 1896, der jedoch bereits drei erfolglose Kodifikationsversuche vorangegangen waren (1792, 1827, 1843). Die damals ausgearbeiteten Entwürfe - unter denen derjenige von 1843 wegen seiner modernen Lösungen und seines fortschrittlichen Geistes hervorzuheben ist - konnten infolge der ungünstigen gesellschaftlichen und politischen Verhältnisse nicht Gesetz werden.

Die Strafprozeßordnung von 1896 nimmt in der ungarischen Geschichte dieses Rechtszweiges einen wichtigen Platz ein, doch kommt ihr auch in der Wissenschaftsgeschichte Bedeutung zu. Das ist hauptsächlich dem Umstand zu verdanken, daß die ihr beigefügte Begründung eine ausgezeichnete wissenschaftliche Arbeit darstellt. Das Gesetz führte die Institution des Untersuchungsrichters ein, übertrug das Anklagerecht dem Staatsanwalt als öffentlichem Ankläger und in einigen Sachen von geringerem Gewicht dem Privatkläger; in schweren Strafsachen führte es die Institution der Anklagekammer, das Geschworenengericht und das zweistufige Rechtsmittelsystem ein.

Die Begründung zum Kodex von 1896 hob die bei der Vorbereitung des Gesetzentwurfs richtungweisenden Gesichtspunkte hervor. Leitend war einmal der Gedanke, daß das Gesetz dem Geist des ungarischen Rechts im Ganzen entsprechen und mit der nationalen Rechtsentwicklung sowie mit den ungarischen kulturellen und gesellschaftlichen Verhältnissen, auch mit der Existenz von Minderheiten, in Einklang stehen sollte. Es wurde

---

* Aus dem Ungarischen übersetzt von Károly Bárd

auch betont, daß die anerkannten Lehren der auf dem Niveau der modernen Zeit stehenden Wissenschaften sowie die Maßnahmen und praktischen Erfahrungen der besten ausländischen Gesetzgebungen wegweisend waren.- Man entschied sich für das gemischte System des Strafverfahrens. Im Vorverfahren galt im wesentlichen das Inquisitionssystem, bei dem dem Untersuchungsführer nicht ein mit den gleichen Rechten ausgestatteter Beschuldigter oder Verteidiger gegenübersteht. Für die Verhandlung vor Gericht ist das Bemühen um Erforschung der materiellen Wahrheit kennzeichnend. Das Gesetz trägt also die wesentlichen Züge sowohl des Inquisitions- als auch des Anklagesystems, wobei das Anklagesystem jedoch eindeutig das Übergewicht hat.

Das Gesetz vom Jahre 1896 war mit zahlreichen Änderungen bis 1951 in Kraft. Unter diesen Änderungen ist die vorläufige Aufhebung der Geschworenengerichte (1915, 1919) am bedeutendsten gewesen. Dieser Schritt erwies sich als endgültig, denn die Geschworenengerichte sind nie mehr wiederhergestellt worden. Nach dem Zweiten Weltkrieg wurden parallel mit dem Ausbau des sozialistischen Staatssystems weitere Institutionen abgebaut: so die Anklagekammer (1946), das zweistufige Rechtsmittelsystem (1949) und die Einrichtung des Untersuchungsrichters (1950). Zur gleichen Zeit wurde mit der Errichtung von Organen neuen Typs begonnen: Das Gesetz XI vom Jahre 1949 führte die Mitwirkung von Volksbeisitzern in der Rechtsprechung ein; die Verfassung vom Jahre 1949 (Gesetz XX) enthielt den Plan der dem Parlament verantwortlichen Staatsanwaltschaft, die dann im Jahre 1953 geschaffen wurde.

2. Mit dem Inkrafttreten des Strafverfahrensgesetzes von 1951 (Gesetz III) wurde das Gesetz von 1896 mit seinen zahlreichen Änderungsgesetzen aufgehoben. Nach dem neuen Gesetz nahm das Verfahren mit den Ermittlungen seinen Anfang, die zum größten Teil von der Polizei durchgeführt wurden; Entscheidungen der Polizei von größerem Gewicht mußten vom Staatsanwalt bestätigt werden. Die Wesenszüge der Gerichtsverhandlung entsprachen schon größtenteils denen des heute geltenden Rechts. Das Rechtsmittelsystem war einstufig. Rechtskräftige Urteile konnten nur durch einen Antrag auf Wiederaufnahme und durch das Rechtsmittel zur Wahrung der Gesetzlichkeit angefochten werden.

In der strafrechtlichen Gesetzgebung der fünfziger Jahre wurde der Gedanke der Vereinheitlichung vertreten. Im Strafgesetzbuch wurde die frühere Trennung von Verbrechen und Vergehen aufgegeben und durch die Kategorie der einheitlichen Straftat (Verbrechen genannt) ersetzt. Später wurde auch die Kategorie der Verfehlungen abgeschafft: diese wurden entweder in verwaltungswidrige Handlungen, d.h. in Ordnungswidrigkeiten, oder in Straftaten umgewandelt. Auch in der Strafprozeßordnung von 1951 kam der Gedanke der Vereinheitlichung zum Ausdruck. Dieselben Regeln wurden für das Verfahren vor den unteren Gerichten, also den Bezirksgerichten, wie für das Verfahren vor den Komitatsgerichten vorgeschrieben. Damit wich die neue Regelung von dem früheren Rechtszustand ab, nach dem sich das Verfahren vor den Bezirksgerichten durch größere Einfachheit von dem Verfahren vor dem Gerichtshof unterschieden hatte.

Als offenbar wurde, daß als tragisches Ergebnis den Ende der vierziger und Anfang der fünfziger Jahre gesetzwidrig durchgeführten Prozessen Unschuldige zum Opfer gefallen waren, setzte sich die Überzeugung durch, daß die Garantien der Gesetzlichkeit im Strafverfahren verstärkt werden müßten. Das Gesetz V vom Jahre 1954 wurde zu diesem Zweck erlassen. Es änderte das Gesetzbuch vom Jahre 1951 auf drei wesentlichen Gebieten. Das eine war der Abschnitt der Ermittlungen, in dem wichtige Rechtsgarantien eingeführt wurden, unter ihnen die Pflicht der Ermittlungsbehörden, dem Beschuldigten mitzuteilen, welche Tat ihm zur Last gelegt wird, was einer vorweg erfolgenden Mitteilung der Anklage gleichkommt. Die zweite bedeutende Änderung bestand in der Neuregelung der Vorbereitung der Hauptverhandlung, deren Funktion als Mittel zur Wahrung der Rechte des Angeklagten dadurch verstärkt wurde, daß in der Mehrzahl der Fälle das Gericht die Anklage zu überprüfen hatte. Der dritte Bereich, in dem die Novelle von 1954 wichtige Änderungen einführte, war das Rechtsmittelsystem. Die Befugnis des Gerichts zweiter Instanz zur Abänderung des angefochtenen Urteils wurde wesentlich eingeschränkt, die Kassation erweitert und das absolute Verbot der Schlechterstellung eingeführt.

3. Der nächstfolgende Kodex, die Gesetzesverordnung Nr. 8 vom Jahre 1962 war eigentlich kein völlig neues Gesetz, denn mindestens zwei Drittel des Textes waren dem des früheren Gesetzes gleich. Änderungen

von Bedeutung betrafen den Abschnitt der Ermittlungen, die Vorbereitung der Hauptverhandlung und das Rechtsmittelsystem, indem - im Interesse der Vereinfachung - die im Jahre 1954 eingeführten Rechtsinstitute teilweise abgeändert wurden.

Im Jahre 1966 ist eine Novelle zum Strafverfahrensgesetz von 1962 ergangen, die auf weiteren Gebieten das Ziel der Beschleunigung und Vereinfachung des Verfahrens verfolgte und dazu neue Verfahrensarten einführte. Unter diesen ist die gerichtliche Vorführung aufgrund einer mündlichen Anklage von besonderer Bedeutung.

Die Einrichtung der gerichtlichen Vorführung bringt bereits den Gedanken der Differenzierung der Verfahrensarten zur Geltung, der seinen Niederschlag auch in weiteren der Vereinfachung dienenden Maßnahmen gefunden hat.

Der Gedanke der Differenzierung hat sich im Strafverfahren mehr und mehr durchgesetzt. Auch die Frage, ob die bereits vorhandenen Möglichkeiten der Vereinfachung innerhalb eines einheitlichen Systems kodifiziert werden sollten, trat stärker in den Vordergrund. Diese Frage wurde selbstverständlich auch in dem Sinne gestellt, daß geprüft werden müsse, ob die Verfahrensgarantien durch das vereinfachte Verfahren nicht gefährdet und ob die Rechte des Beschuldigten, des Verteidigers und anderer Personen im vereinfachten Verfahren nicht beeinträchtigt werden.

Die Überzeugung ist allgemein, daß das mit allen Garantien ausgestattete Strafverfahren sowohl die Interessen der Gesellschaft als ganzer als auch die persönliche Freiheit und die Würde des einzelnen berücksichtigen muß. Einig ist man sich auch darüber, daß Beschleunigung und Vereinfachung des Verfahrens die Einschränkung der Verfahrensgarantien nicht begründen und rechtfertigen können. Eine Möglichkeit der Vereinfachung besteht bei den polizeilichen Ermittlungen, bei der Vorbereitung der Hauptverhandlung und im Rechtsmittelverfahren. Die Verhandlung vor dem erstinstanzlichen Gericht bietet für eine Vereinfachung dagegen nur geringe Möglichkeiten.

Zur Zweiteilung der allgemeinen Form des Verfahrens gab die Gesetzesverordnung Nr. 28 vom Jahre 1971 (zur Änderung des StGB) den Anstoß, die die Straftaten wieder in zwei Kategorien, in Verbrechen und Vergehen einteilte. Danach stellte sich notwendigerweise und dringend die Frage, ob die ihrer Natur nach leichteren und mit milderen Sanktionen bedrohten Vergehen nicht in einem einfacheren Verfahren abgeurteilt werden könnten als die Verbrechen.

4. Die Frage wurde von dem am 1. Januar 1974 in Kraft getretenen und auch heute noch geltenden Gesetz I vom Jahre 1973 beantwortet, dessen Übersetzung in der Fassung von 1984 hier vorgelegt wird. Dieses Gesetz erfuhr später noch zwei bedeutende Änderungen. Die Gesetzesverordnung Nr. 4 vom Jahre 1979 führte diejenigen verfahrensrechtlichen Änderungen ein, die sich als Folge des Inkrafttretens des neuen Strafgesetzbuchs (Gesetz IV vom Jahre 1978) als notwendig erwiesen. So hat diese Novelle unter anderem den Geltungsbereich des vereinfachten Verfahrens für Vergehen neu bestimmt und die verfahrensrechtliche Regelung für die Freistellung zur Probe gebracht. Die Gesetzesverordnung Nr. 11 vom Jahre 1979 - das Gesetzbuch für den Strafvollzug - hat die Kompetenz des Vollzugsrichters festgelegt sowie das von diesem geführte Verfahren geregelt. Die Kompetenz des Vollzugsrichters, der als Einzelrichter tätig wird, umfaßt nunmehr die bedingte Entlassung, die Aufhebung der bedingten Entlassung, die Zuweisung eines neuen Arbeitsplatzes zur Durchführung der Besserung-Erziehungsarbeit sowie weitere zum Strafvollzug gehörenden Maßnahmen.

5. Obwohl die Quellen des geltenden Strafverfahrensrechts vor allem der Kodex und seine Novellen sind, können wir diejenigen Gesetze nicht außer acht lassen, die das Strafverfahren betreffende, wichtige Vorschriften enthalten. Zu diesen Gesetzen zählt die Verfassung (Gesetz XX vom Jahre 1949, abgeändert durch Gesetz I vom Jahre 1972), die Gesetze über die Organisation der Gerichte (Gesetz IV vom Jahre 1972) und über die Organisation der Staatsanwaltschaft (Gesetz V vom Jahre 1972). Ungarn hat den von der Generalversammlung der Vereinten Nationen im Jahre 1966 verkündeten Internationalen Pakt über bürgerliche und politische Rechte ratifiziert und im Jahre 1976 durch Gesetzesverordnung Nr. 8 verkündet. Die in dem Pakt enthaltenen Prinzipien und Normen sind für das unga-

rische Strafverfahrensrecht maßgebend. Wir können auch feststellen, daß die geltenden Vorschriften mit diesen in Einklang stehen.

Die Verfassung bestimmt, daß Vorschriften, die grundlegende Rechte und Verpflichtungen der Staatsbürger betreffen, nur durch Gesetz erlassen werden können. Die Verfassung erklärt ferner, daß alle die Gerichte betreffenden Normen nur durch Gesetz eingeführt werden können. Aus den Grundsätzen der Verfassung sowie aus der geschichtlichen Tradition folgt, daß Quelle des Strafverfahrensrechts nur Gesetze oder gesetzesvertretende, vom Präsidialrat erlassene Gesetzesverordnungen sein können. Das Strafverfahrensgesetzbuch hat aber den Justizminister und andere Organe ermächtigt (§ 404), die meist technischen Ausführungsvorschriften für einige im Straftverfahrensgesetz geregelte Einrichtungen zu erlassen. Diese Ermächtigung erstreckt sich nicht auf die Einführung neuer Rechtsinstitute und kann in keinem Fall grundlegende staatsbürgerliche Rechte betreffen.

II.

Die Grundsätze des ungarischen Strafverfahrens

1. Einige Grundsätze des Strafverfahrens sind in §§ 2 bis 11* geregelt. In der Literatur werden jedoch unter Berücksichtigung der Verfassung und des Gesetzes über die Gerichtsorganisation noch weitere Prinzipien anerkannt, die für das Strafverfahren maßgebend sind. So werden zu den Grundsätzen des Strafverfahrens außerdem gerechnet: die Ausschließlichkeit des gerichtlichen Verfahrens in der Strafrechtspflege; die Mitwirkung von Volksbeisitzern; die richterliche Unabhängigkeit; das Recht auf Verteidigung; das Recht auf Rechtsmittel.

Der Inhalt dieser Grundsätze ist allgemein bekannt, deshalb verzichte ich auf eine eingehende Erörterung und werde nur auf die Besonderheiten des ungarischen Rechts eingehen.

2. Das Offizialprinzip (Vorgehen von Amts wegen) gehört zu den leitenden Grundsätzen des ungarischen Strafverfahrensrechts. Sein Inhalt

* Paragraphen ohne weitere Bezeichnung sind solche des nachfolgenden Strafverfahrensgesetzes.

wird in §§ 2 und 5 umschrieben. Nach der Offizialmaxime hat die Ermittlungsbehörde Straftaten aufzuklären und das Verfahren einzuleiten. Der Staatsanwalt ist verpflichtet, wegen der ihm bekannten Straftaten Anklage zu erheben und das Gericht hat die Pflicht, über die Anklage zu entscheiden.

Die Einleitung des Strafverfahrens wird bei gewissen Straftaten jedoch von einem Antrag abhängig gemacht, so z.B. bei Beleidigung, Verleumdung und bei bestimmten Sexualdelikten. Bei einigen Antragsdelikten, so vor allem bei Beleidigung, Verleumdung, leichter Körperverletzung, bei Verletzung des Privat- oder des Briefgeheimnisses ist der Privatkläger zur Anklagevertretung berechtigt. Das heißt also, daß die Offizialmaxime nicht uneingeschränkt gilt. Man kann aber nicht behaupten, daß der Staat in diesen Fällen auf die Strafverfolgung verzichten würde, vielmehr handelt es sich darum, daß der Staat aus rechtspolitischen Überlegungen die Mitwirkung des Verletzten ermöglicht. Im übrigen kann der Staatsanwalt die Klage vom Privatkläger an sich ziehen.

Neben dem mit der Offizialmaxime zusammenhängenden Legalitätsprinzip läßt das Strafverfahrensgesetz in einem engen Bereich auch Opportunitätserwägungen zu. Von der Strafverfolgung kann abgesehen werden, wenn neben der erheblichen Bedeutung einer anderen Straftat das Delikt geringerer Schwere bei der Bemessung der Rechtsfolgen nicht ins Gewicht fällt.

Nach §§ 28 und 36 Strafgesetzbuch kann der Täter bei einem geringen Grad bzw. bei vollständigem Wegfall der Gesellschaftsgefährlichkeit der Tat nicht bestraft werden. Gegen den Täter muß dann eine Verwarnung ausgesprochen werden. Das Strafverfahrensrecht erlaubt es jedoch, in diesen Fällen keine Ermittlungen einzuleiten bzw. diese einzustellen. In dieser Regel kommt der Gedanke "minima non curat praetor" zum Ausdruck, wobei auch Erwägungen der prozessualen Zweckmäßigkeit eine Rolle spielen. Es ist jedoch unbestritten, daß die Bestimmungen des Strafgesetzbuchs über die Gesellschaftsgefährlichkeit mit dem materiellen Straftatbegriff in Einklang gebracht werden müssen.

3. § 9 faßt den Inhalt der kontradiktorischen Verhandlungsmaxime in drei Thesen zusammen. Nach diesen sind im Strafverfahren Anklage,

Verteidigung und Urteil voneinander getrennt; das Gericht kann nur auf der Grundlage einer Anklage ein Urteil erlassen; im Beweisverfahren stehen dem Ankläger, dem Angeklagten und dem Verteidiger die gleichen Rechte zu (Parteiengleichheit).

Im ungarischen Strafverfahrensgesetz wird der Parteibegriff nicht ausdrücklich verwendet, doch aufgrund der Analyse der prozessualen Lage und der prozessualen Rechte ist nicht zu bezweifeln, daß im Abschnitt des gerichtlichen Verfahrens der Ankläger (Staatsanwalt bzw. Privatkläger), die Privatpartei sowie der Angeklagte und der Verteidiger als Parteien auftreten. Es finden sich jedoch auch Merkmale, die den kontradiktorischen Charakter des Prozesses abschwächen, vor allem im Vergehensverfahren: nicht in allen Fällen ist der Staatsanwalt anwesend (§ 19) und wenn die Verteidigung nicht notwendig ist, bleibt der Angeklagte manchmal ohne den entsprechenden Schutz.

Das ungarische Strafverfahren kann zu der Gruppe der Länder mit einem gemischten Verfahrenssystem gezählt werden. Im Abschnitt der Ermittlungen kommt die Untersuchungsmaxime zur Geltung, und es lassen sich zwei Hauptfunktionen voneinander unterscheiden, nämlich die Strafverfolgung und die Verteidigung. Die Parteirechte sind in dieser Phase nur teilweise anerkannt. So wird etwa dem Beschuldigten und dem Verteidiger erst beim Abschluß der Ermittlungen umfassend Akteneinsicht gewährt. Die Verteidiger beanstanden, daß ihre Anwesenheit bei der Vernehmung auch solcher Zeugen von dem Ermessen der Ermittlungsbehörde abhängt, deren Vernehmung sie selbst beantragt haben. Andererseits verweisen die Ermittlungsbehörden darauf, daß die Verteidiger nicht einmal von solchen Rechten Gebrauch machen, die ihnen im Ermittlungsverfahren zustehen und daß sie dadurch die Aufklärung eher hemmen, als daß sie sie fördern würden.

Dem Grundgedanken des Parteiverfahrens scheint auch der Umstand zu widersprechen, daß der Staatsanwalt nicht nur die belastenden, sondern auch die entlastenden Umstände zu berücksichtigen hat (§ 5). Das heißt also, daß der Staatsanwalt nicht diejenige Partei sein kann, die lediglich eine einzige Seite der Sache im Blick hat. In dieser Regel findet das Legalitätsprinzip Ausdruck, das vor dem Prinzip der kontradiktorischen Verhandlung den Vorrang hat.

4. Die Unschuldsvermutung ist in § 3 enthalten. Es ist das erste Mal in der ungarischen Gesetzgebung, daß die Unschuldsvermutung ausdrücklich erwähnt wird, obwohl dieses Prinzip in der Strafprozeßwissenschaft schon seit langer Zeit anerkannt ist. Die Unschuldsvermutung enthielten der Sache nach bereits die früheren Gesetzgebungen in der Vorschrift, daß der Angeklagte freizusprechen sei, falls seine Schuld nicht zweifelsfrei bewiesen werden könne. Zum vollständigen Verständnis der Unschuldsvermutung muß außer § 3, der die klassische Formulierung enthält, auch § 61 Abs. 4 herangezogen werden, der besagt, daß diejenigen Tatsachen, die nicht zweifelsfrei bewiesen sind, nicht zu Lasten des Beschuldigten verwertet werden dürfen (in dubio pro reo). Der Unschuldsvermutung wird in der Literatur große Bedeutung beigemessen. Einerseits wird es den Behörden zur Pflicht gemacht, den Schuldbeweis zu erbringen; wenn die Schuld nicht zweifelsfrei festgestellt werden kann, so darf kein Verfahren durchgeführt werden, und der Angeklagte ist freizusprechen. Andererseits stärkt die Unschuldsvermutung die rechtliche Position des Angeklagten, da sie eine objektive Rechtsgarantie gewährt, die zur Wahrung der Menschenwürde und der Rechtspersönlichkeit des Angeklagten beiträgt.

5. Über die Sicherung der persönlichen Freiheit und anderer staatsbürgerlichen Rechte enthält § 4 Bestimmungen von grundlegender Bedeutung. Das Gesetz bestimmt, daß die persönliche Freiheit und andere staatsbürgerliche Rechte im Strafverfahren zu achten sind und daß diese Rechte nur in den im Gesetz vorgesehenen Fällen und nur in der dort bestimmten Weise beschränkt werden können. Alle Voraussetzungen der Beschränkung der persönlichen Freiheit werden daher vom Gesetz festgelegt.

Die Ermittlungsbehörde ist berechtigt, die vorläufige Festnahme des Beschuldigten für höchstens 72 Stunden anzuordnen. Danach muß der Beschuldigte entweder freigelassen oder es muß Untersuchungshaft angeordnet werden. Die Verhaftung während der Ermittlungen erfolgt durch die Ermittlungsbehörde mit Zustimmung des Staatsanwalts. Dauert die Untersuchungshaft im Ermittlungsverfahren länger als ein Jahr, so kann sie nur durch das Oberste Gericht verlängert werden. Auch die im Hauptverfahren angeordnete Untersuchungshaft kann nur aufgrund einer Entscheidung des

Obersten Gerichts verlängert werden, wenn die Haft länger als ein Jahr andauern würde (§§ 91 und 95).

Die Praxis der Anwendung der die persönliche Freiheit beschränkenden Maßnahmen wird sowohl vom Obersten Gericht als auch von den Ermittlungsbehörden von Zeit zu Zeit untersucht. Man ist dabei zu dem Ergebnis gelangt, daß gegenwärtig die Anordnung der Untersuchungshaft verhältnismäßig häufig und oftmals vielleicht unnötigerweise erfolgt. Im Hauptverfahren befinden sich etwa 10 % aller Angeklagten in Untersuchungshaft. Die Bestrebungen, die große Zahl der in Haft befindlichen Beschuldigten möglichst zu verringern, können nur dann Erfolg haben, wenn das Recht andere Möglichkeiten vorsieht, die Beschränkung der persönlichen Freiheit zu ersetzen. Nach geltendem Recht steht freilich nur das selten angewandte Verbot des Verlassens des Aufenthaltsortes zur Verfügung (§ 99), doch wäre auch die Einführung anderer Alternativen denkbar, wie z.B. die Übernahme einer Bürgschaft oder die Sicherheitsleistung. Die Untersuchung dieser Einrichtungen, ihrer Voraussetzungen und ihrer Möglichkeiten, gehört zu den Aufgaben unserer Zeit.

III.

Die Formen und Abschnitte des Strafverfahrens

1. Das Gesetz unterscheidet zwei Formen des ordentlichen Verfahrens, das Verbrechens- und das Vergehensverfahren. Die Regeln des Vergehensverfahrens sind bei der Aburteilung von Vergehen anzuwenden, es sei denn, das Gesetz sieht für die Straftat fünf Jahre Freiheitsentzug oder eine höhere Strafe vor (§ 90). Ein Verbrechen ist eine Straftat, die vorsätzlich begangen wird und für die das Gesetz Freiheitsentzug von mehr als zwei Jahren vorsieht. Jede andere Straftat ist ein Vergehen (§ 11 StGB). Vergehen sind also alle fahrlässig begangenen Straftaten, bzw. die vorsätzlich begangenen Straftaten, die mit Freiheitsentzug von zwei Jahren oder einer milderen Strafe bedroht sind. Das Strafverfahrensgesetz legt die Regeln des Verbrechensverfahrens im einzelnen fest und führt danach diejenigen Unterschiede an, die für das Vergehensverfahren maßgebend sind.

2. Den ersten Abschnitt des Verfahrens bilden die Ermittlungen. Als generelle Voraussetzung für die Einleitung eines Strafverfahrens verlangt das Gesetz den begründeten Verdacht einer Straftat. Es bestimmt aber auch die Hindernisse, bei deren Vorliegen kein Verfahren eingeleitet werden darf, bzw. ein bereits eingeleitetes Verfahren eingestellt oder der Angeklagte freigesprochen werden muß (§ 13).

Die Aufgaben der Ermittlungsbehörden werden von der Polizei erfüllt; bei Finanzstraftaten und bei Zoll- und Devisendelikten ermittelt die Zoll- und Finanzbehörde aufgrund besonderer Rechtsvorschriften. Die Ermittlungsbehörden sind mit allen Rechten ausgestattet, die zur Aufklärung von Straftaten, zur Feststellung der Person des Täters, seines Aufenthaltsortes und zur Sicherung der Beweismittel erforderlich sind. Im Rahmen ihrer Tätigkeit sind die Ermittlungsbehörden auch berechtigt, die Rechte der Staatsbürger zu beschränken. Deswegen beauftragt das Gesetz den Staatsanwalt mit der Überwachung der Ermittlungen, um die Gesetzmäßigkeit des Verfahrens zu sichern. Die Rechte des Staatsanwalts sind in § 18 im einzelnen aufgeführt. Diejenigen Entscheidungen der Ermittlungsbehörde, die aus der Sicht der Beurteilung des Falles von besonderer Bedeutung sind, wie z.B. die Einstellung des Verfahrens oder die Anordnung von Maßnahmen, die die persönliche Freiheit beschränken, bedürfen der Bestätigung durch den Staatsanwalt. Der Staatsanwalt ist auch berechtigt, das Verfahren von der Ermittlungsbehörde an sich zu ziehen, und bei gewissen Straftaten, wie z.B. bei Gewalt gegen eine Amtsperson oder bei Amtsdelikten, können die Ermittlungen ausschließlich durch den Staatsanwalt vorgenommen werden.

Ein Strafverfahren kann nur gegen denjenigen eingeleitet werden, der im begründeten Verdacht steht, eine Straftat begangen zu haben. Dem Beschuldigten steht von der Einleitung des Strafverfahrens an das Recht auf den Beistand eines Verteidigers zu und in gewissen Fällen ist dessen Mitwirkung notwendig (§ 47). Die Parteirechte des Beschuldigten und des Verteidigers können im Ermittlungsverfahren nur in beschränktem Umfang ausgübt werden; so können sie z.B. erst nach Abschluß des Ermittlungsverfahrens unbeschränkt Einsicht in die Akten nehmen (§ 44 Abs. 2). Der Verteidiger kann bei der Vernehmung des Beschuldigten anwesend sein; ferner kann der Beschuldigte sowie auch der Verteidiger an der Anhörung eines Sachverständigen, an einem Augenschein, einem Ermittlungsexperiment und der Vorstellung von Personen zwecks Identitätsnachweises teilnehmen (§ 134). Der verhaftete Beschuldigte ist aber dem auf freiem Fuß befindlichen Beschuldigten gegenüber im Nachteil, da der Verhaftete erst nach der ersten Vernehmung mit seinem Verteidiger verkehren kann (§ 97). Wenn aber der Verteidiger mit seinem Klienten nicht verkehren darf, so kann er in seinem Interesse auch kaum etwas tun. Diese Lage widerspricht dem Grundsatz der Verteidigung, nach dem im Interesse eines jeden Beschuldigten in jedem Verfahrensabschnitt ein Verteidiger mitwirken kann (§ 6).

Hat die Ermittlungsbehörde die Ermittlungen abgeschlossen, so übersendet sie die Akten dem Staatsanwalt, der die Anklage erhebt oder die Ermittlungen einstellt oder andere notwendige Maßnahmen ergreift.

Stellt der Staatsanwalt einen Verstoß gegen Verfahrensvorschriften fest, der auf die Erledigung der Strafsache von wesentlichem Einfluß ist, so vor allem, wenn der Beschuldigte oder der Verteidiger in der Ausübung ihrer Rechte behindert wurden, ordnet er die Ergänzung der Ermittlungen an (§ 156).

3. In Ungarn wird die Rechtsprechung von den Ortsgerichten (bis zum Gesetz II von 1983 Bezirksgerichte genannt), Komitatsgerichten, Militärgerichten und vom Obersten Gericht ausgeübt. In erster Instanz urteilen die Ortsgerichte, und in diesem Fall entscheidet in zweiter Instanz das Komitatsgericht. Wenn in erster Instanz ein Komitatsgericht oder ein Militärgericht die Entscheidung gefällt hat, so urteilt in zweiter Instanz das Oberste Gericht. Die sachliche Zuständigkeit der Komitatsgerichte erstreckt sich auf die schwersten Straftaten (§ 25); in etwa 2 % aller Anklageerhebungen wird die Strafsache vom Komitatsgericht, als erstinstanzliches Gericht entschieden.

Das Gericht entscheidet im Verbrechensverfahren in erster Instanz in der Regel als Senat; der Vorsitzende ist Berufsrichter, die zwei Mitglieder sind Volksbeisitzer. In besonders schwierigen Fällen kann der Senat aus zwei Berufsrichtern und drei Volksbeisitzern bestehen. Im Vergehensverfahren entscheidet der Einzelrichter. Das Gericht zweiter Instanz urteilt als Senat, dessen Mitglieder alle Berufsrichter sind.

Die Vorbereitung der Hauptverhandlung ist nach der Abschaffung der Anklagekammer Aufgabe des erkennenden Gerichts. Die Vorbereitung hat heute zwei Funktionen zu erfüllen. Einerseits muß die Verhandlung technisch vorbereitet werden, was zum Aufgabenbereich des Vorsitzenden gehört, andererseits hat die Vorbereitung eines Garantiefunktion: sie soll gewährleisten, daß bei einer unbegründeten Anklage keine Verhandlung stattfindet. Das Gericht entscheidet als Senat (ohne Verhandlung) über die Einstellung des Verfahrens, die Zurücksendung der Akten an den Staatsanwalt und über die die persönliche Freiheit beschränkenden Maßnahmen (§ 175).

Die Verhandlung leitet der Senatsvorsitzende; er hat auch für die Wahrung der Sitzungsordnung zu sorgen. Der Vorsitzende vernimmt den Angeklagten und die Zeugen und bestimmt die Reihenfolge der Prozeßhandlungen. Er hat auch für die Wahrung der Rechte der am Verfahren Beteiligten zu sorgen. Die Mitglieder des Senats und auch die Parteien können an die vernommenen Personen Fragen stellen; das Institut des Kreuzverhörs ist dem ungarischen Recht jedoch unbekannt. Das Gericht ist an die Beweisanträge der Parteien nicht gebunden und kann auch von Amts wegen eine Beweisaufnahme anordnen (§ 206). Auch für das Gericht gilt die in § 5 bestimmte Pflicht, den Sachverhalt gründlich und lückenlos aufzuklären und der Wahrheit entsprechend festzustellen sowie nicht nur die belastenden und schärfenden, sondern auch die entlastenden und mildernden Umstände zu berücksichtigen.

Das Gericht ist verpflichtet, in der Verhandlung über die Anklage zu entscheiden: demgemäß spricht es den Angeklagten schuldig und verhängt eine Strafe oder aber es spricht den Angeklagten frei oder stellt das Verfahren ein (§§ 213 und 214).

4. Etwa 75 % aller Urteile und sachentscheidenden Beschlüsse erlangen im ersten Rechtszug Rechtskraft und nur der verbleibende Teil wird durch Berufung angefochten. Die Rechtsmittelbefugnis ist weitreichend, sie erstreckt sich sowohl auf Tat- als auch auf Rechtsfragen; Berufungsberechtigte sind der Ankläger, die Privatpartei, der Angeklagte, der Verteidiger und andere, durch die Entscheidung betroffene Personen.

Die wichtigsten Merkmale des Rechtsmittelsystems sind folgende: das Rechtsmittelsystem ist einstufig; es gilt die Regel der vollständigen Revision, d.h., das zweitinstanzliche Gericht überprüft das Urteil in vollem Umfang, ohne Rücksicht darauf, von wem und aus welchem Grund Berufung eingelegt wurde (§ 236). In engen Grenzen ist das Gericht zweiter Instanz befugt, eine neue Beweisaufnahme vorzunehmen (§ 240). Zu den möglichen Entscheidungen des zweitinstanzlichen Gerichts gehört auch die Kassation. Das Gericht zweiter Instanz hebt das angefochtene Urteil auf bei schwerer Verletzung von Verfahrensvorschriften (§ 250 II, III, § 261) und bei erheblicher Mangelhaftigkeit der tatsächlichen Feststellungen, falls durch eine Beweisaufnahme oder aufgrund des Akteninhalts die Mängel nicht beseitigt werden können (§ 262).

Das Gericht zweiter Instanz kann aufgrund der im Urteil festgestellten bzw. der durch eine Beweisaufnahme oder aufgrund des Akteninhalts berichtigten oder ergänzten Tatsachenfeststellungen das Urteil abändern.

Die Abänderung (eigene Sachentscheidung) kann die Rechtsfragen betreffen, also die Fragen der Schuld, der rechtlichen Beurteilung und der verhängten Sanktionen (§§ 258 und 260).

Das Gericht ist an das Verschlechterungsverbot (Verbot der reformatio in peius) gebunden: Die Verurteilung des vom erstinstanzlichen Gericht freigesprochenen Angeklagten, die Verschärfung seiner Strafe bzw. die Anordnung der Sicherungsverwahrung kann nur aufgrund einer zu seinen Ungunsten eingelegten Berufung erfolgen (§ 241).

5. Das Strafverfahrensgesetz kennt zwei Arten von außerordentlichen Rechtsmitteln, die Wiederaufnahme und die sogenannte Gesetzlichkeitsverwahrung. Die Gesetzlichkeitsverwahrung kann gegen eine rechtskräftige Gerichtsentscheidung vom Obersten Staatsanwalt und vom Präsidenten des Obersten Gerichts eingelegt werden, wenn die Entscheidung gesetzwidrig oder unbegründet ist (§ 284). Die Gesetzlichkeitsverwahrung ist ein Mittel zur Durchsetzung der einheitlichen Gesetzesanwendung im Strafverfahren. Als Ergebnis der Beurteilung darf aber das Oberste Gericht eine für den Angeklagten (Verurteilten) nachteiligere Verfügung nur dann treffen, wenn vom Eintritt der Rechtskraft der angefochtenen Entscheidung bis zur Ein-

legung der Gesetzlichkeitsverwahrung nicht mehr als ein Jahr vergangen ist (§ 287).

Die Zahl der Wiederaufnahmeverfahren beträgt jährlich etwa hundert, während die Zahl der beim Obersten Gericht eingelegten Gesetzlichkeitsverwahrungen etwa 300-350 ausmacht. Das ist also eine unbedeutende Zahl im Verhältnis zur Gesamtzahl der rechtskräftig beendeten Strafsachen.

6. Für das Vergehensverfahren sind die Vorschriften über das Verbrechensverfahren maßgebend mit den im Gesetz festgelegten Abweichungen. Diese sind die folgenden: Das Ermittlungsverfahren ist einfacher, denn über die Vernehmung von Zeugen und andere Ermittlungshandlungen darf anstelle eines Protokolls ein Bericht angefertigt werden (§§ 149 und 150); im Vergehensverfahren urteilt in erster Instanz der Einzelrichter (§ 159); die Anwesenheit des Staatsanwalts bei der Verhandlung ist nicht in allen Fällen vorgeschrieben; der Protokollführer wird meistens durch Tonbandaufnahmen ersetzt. Im Berufungsverfahren ist das Gericht weitreichend befugt, weitere Beweisaufnahmen vorzunehmen; es kann das Urteil abändern, nicht jedoch den Angeklagten verurteilen, den das erstinstanzliche Gericht freigesprochen hat bzw. demgegenüber das Verfahren eingestellt wurde; die kassatorische Entscheidung ist eine seltene Ausnahme; üblich ist vielmehr die eigene Sachentscheidung (§§ 270 ff.).

Bei der Vereinfachung des Vergehensverfahrens sind das Gesetz und die Praxis ziemlich weit gegangen. Es entbehrt der herkömmlichen Förmlichkeiten und auch der durch diese gebotenen Würde. Die Befugnisse des Einzelrichters sind überaus weitreichend; er kann sogar Freiheitsentzug von drei Jahren verhängen und dabei werden etwa 60 % aller Strafsachen vor dem Einzelrichter verhandelt. Das alles erhöht das Risiko und die Gefahren, die ohnedies mit einem Strafverfahren verbunden sind.

7. Der dritte Teil des Strafverfahrensgesetzes (§§ 292 ff.) regelt die besonderen Verfahrensarten, also das Jugendstrafverfahren, das Privatklageverfahren, das Militärstrafverfahren, die gerichtliche Vorführung ohne Anklageschrift und die Verhängung einer Geldstrafe ohne Verhandlung (Strafbeschluß- oder Strafbefehlsverfahren). Die besonderen Verfahrensarten sind keine außerordentlichen, sondern ordentliche Verfahren,

die jedoch mit Rücksicht auf die Person des Angeklagten oder auf den Gegenstand der Anklage von den Regeln des allgemeinen Verfahrens abweichen. Die bedeutendsten Abweichungen sind beim Privatklageverfahren und beim Strafbefehl festzustellen (§ 350). Beim Privatklageverfahren ist das Verfügungsrecht des Verletzten - des Privatklägers - eines der wichtigsten Elemente: Das Gesetz ist bestrebt, eine Aussöhnung zwischen dem Privatkläger und dem Angeklagten sowie die Zurücknahme der Anklage herbeizuführen, was in der Vorbereitungsphase der Verhandlung oder auch im Rahmen der sogenannten persönlichen Anhörung ermöglicht wird (§§ 318 und 319).

Der vierte Teil des Strafverfahrensgesetzes (§§ 356 ff.) bestimmt die außerordentlichen Verfahrensarten und weitere mit dem Vollzug zusammenhängende Fragen. Im Rahmen der außerordentlichen Verfahren wird nicht über die strafrechtliche Hauptfrage, über das Vorliegen oder das Fehlen einer strafbaren Handlung entschieden, sondern vor allem über die mit der Vollstreckung der verschiedenen Strafen und Maßnahmen zusammenhängenden Fragen. Dieser Teil des Strafverfahrensgesetzes enthält auch die Verfahrensregeln im internationalen Bereich (§§ 388 ff.). Im Einklang mit dem Strafgesetzbuch hat das Strafverfahrensgesetz auch diejenigen Normen erweitert, die der Förderung der internationalen Zusammenarbeit in Strafsachen dienen. Von besonderer Bedeutung ist die Möglichkeit, die Strafverfolgung einem anderen Staat anzubieten, wenn ein ausländischer Staatsbürger in Ungarn eine Straftat begangen hat. Es besteht ferner die Möglichkeit, die Geltung eines im Ausland ergangenen Urteils anzuerkennen und auch die Vollstreckung einer im Ausland einem ungarischen Staatsbürger gegenüber verhängten Strafe zu übernehmen (§§ 391, 394 a und 394 b).

IV.

In Ungarn begegnen wir im Strafverfahren Straftaten geringer und mittlerer Schwere. Die schwerste Straftat, die vorsätzliche Tötung, kommt im Durchschnitt mehrerer Jahre in etwa 205 Fällen vor. Die Zahl der bekannt gewordenen öffentlichen Anklagedelikte weist in den letzten Jahren eine langsame Zunahme auf: sie überstieg im Jahre 1984 150.000 (die Bevölkerungszahl Ungarns beträgt 10,6 Millionen). Etwa 70 % der begangenen Straftaten sind Vergehen, die übrigen Verbrechen. Die Zahl der in einem Jahr von den Gerichten verhandelten Strafsachen beträgt ca. 80.000, davon sind ungefähr 8.000 Privatklagesachen. Insgesamt beträgt die Zahl der Privatklagesachen 20.000 - 22.000 im Jahr, von denen aber die überwiegende Mehrheit vor der Verhandlung erledigt wird. Zu einer Bestrafung kommt es in etwa 3.000 Fällen. Die Gesamtzahl der jährlich Verurteilten beträgt ca. 70.000; etwa ein Viertel aller Strafen sind unbedingte Freiheitsstrafen, die übrigen sind mildere Strafen oder Maßnahmen.

Bei der Entwicklung der Kriminalität zeigen sich beunruhigende Symptome: die Zahl der organisierten Einbruchsdiebstähle, manchmal unter Beteiligung von Ausländern, ist angestiegen; die Zahl der von Jugendlichen begangenen Gewaltdelikte wächst; auch der Mißbrauch von Betäubungsmitteln nimmt zu. Wir begegnen jedoch keiner der drastischen Formen der internationalen Kriminalität, wie z.B. dem Terrorismus. Auch wenn all dies in Betracht gezogen wird, glauben wir, daß das geltende Strafverfahrensrecht, so wie es heute ausgestaltet ist, diejenigen rechtlichen Mittel zur Verfügung stellt, die zu einer erfolgreichen Reaktion auf die Kriminalität erforderlich sind. Wir sind der Meinung, daß das Recht auch imstande ist, den Staatsbürgern entsprechenden Schutz zu gewährleisten und das Gleichgewicht aufrechtzuerhalten, das zwischen der Macht des Staates und den Rechten des Individuums bestehen muß. Wir glauben jedoch nicht, daß unser heutiges Strafverfahrensrecht keiner weiteren Vervollkommnung bedürfe.

Budapest, Januar 1986

Professor Tibor Király
Eötvös Loránd Universität
Budapest

GESETZESÜBERSICHT

ERSTER TEIL

ZWEITER TEIL

GESETZ I VOM JAHRE 1973 ÜBER DAS STRAFVERFAHREN
ABGEÄNDERT DURCH DIE GESETZESVERORDNUNGEN NR.4 UND NR.11 VON 1979
DURCH DAS GESETZ II VOM JAHRE 1983
DURCH DIE GESETZESVERORDNUNGEN NR.25 VON 1983 UND NR.20 VON 1984
IN EINHEITLICHER FASSUNG

ERSTER TEIL

I. Kapitel

Allgemeine Bestimmungen

Ziel des Gesetzes

§ 1 Ziel dieses Gesetzes ist es, durch eine der sozialistischen Gesetzlichkeit entsprechende Regelung des Strafverfahrens die Aufklärung von Straftaten und die Anwendung der Strafgesetze der Ungarischen Volksrepublik zu gewährleisten.

I. Titel

Grundsätze des Strafverfahrens

Das Vorgehen von Amts wegen

§ 2 Wenn die in diesem Gesetz vorgesehenen Voraussetzungen vorliegen, sind die in Strafsachen tätigen Behörden verpflichtet, das Strafverfahren durchzuführen.

Der Grundsatz der Unschuldsvermutung

§ 3 (1) Niemand darf als schuldig angesehen werden, solange nicht seine strafrechtliche Verantwortlichkeit durch eine rechtskräftige Gerichtsentscheidung festgestellt ist.

(2) Der Schuldbeweis ist von den in Strafsachen tätigen Behörden zu erbringen. Dem Beschuldigten kann der Beweis seiner Unschuld nicht auferlegt werden.

Sicherung der persönlichen Freiheit und anderer staatsbürgerlicher Rechte

§ 4 (1) Die persönliche Freiheit und die anderen staatsbürgerlichen Rechte sind im Strafverfahren zu achten. Diese Rechte können nur in den in diesem Gesetz bestimmten Fällen und in der dort festgelegten Weise eingeschränkt werden.

(2) Die Behörden sind während des Verfahrens verpflichtet, die Rechtmäßigkeit der die staatsbürgerlichen Rechte einschränkenden Zwangsmaßnahmen zu gewährleisten.

(3) Die Behörden sind verpflichtet, die am Verfahren Beteiligten über ihre Rechte zu belehren und auf ihre Pflichten hinzuweisen.

Aufklärung des Sachverhalts und freie Beweiswürdigung

§ 5 (1) Die Behörden haben die Aufgabe, den Sachverhalt in jedem Verfahrensabschnitt gründlich und lückenlos aufzuklären und die belastenden und entlastenden sowie die die strafrechtliche Verantwortlichkeit verschärfenden und mildernden Umstände gleicherweise zu berücksichtigen. Aufzuklären sind auch die Gründe und Umstände, die die Begehung der Straftat unmittelbar ermöglicht haben.

(2) Die am Verfahren Beteiligten sind in den in diesem Gesetz bestimmten Fällen und in der dort festgelegten Weise zur Mitwirkung an der Beweiserhebung verpflichtet und berechtigt.

(3) Im Strafverfahren können alle zur Klärung des Sachverhalts geeigneten Beweise und Beweismittel frei in Anspruch genommen werden. Die Behörden würdigen die Beweise einzeln und in ihrer Gesamtheit frei und beurteilen sie nach ihrer dabei gewonnenen Überzeugung.

Die Verteidigung

§ 6 (1) Der Beschuldigte hat ein Recht auf Verteidigung.

(2) Die Behörden sind verpflichtet sicherzustellen, daß derjenige, gegen den ein Strafverfahren eingeleitet wurde, sich in der in diesem Gesetz vorgesehenen Weise verteidigen kann.

(3) Im Interesse des Beschuldigten kann in jedem Verfahrensabschnitt ein Verteidiger mitwirken. Der Beschuldigte kann von Beginn des Strafverfahrens an einen Verteidiger wählen.

Das Recht auf Einlegung eines Rechtsmittels

§ 7 Gegen die Entscheidungen und Maßnahmen der Behörden bzw. wegen der Unterlassung einer Maßnahme können, sofern dieses Gesetz keine Ausnahme vorsieht, Rechtsmittel eingelegt werden.

Der Gebrauch der Muttersprache

§ 8 (1) Die Sprache im Strafverfahren ist ungarisch. Wegen Unkenntnis der ungarischen Sprache darf niemand einen Nachteil erleiden.

(2) Im Strafverfahren kann sich jedermann in Wort und Schrift seiner Muttersprache bedienen.

Die Trennung der Verfahrensaufgaben

§ 9 (1) Anklageerhebung, Verteidigung und Urteilsfindung sind im Strafverfahren voneinander getrennt.

(2) Ein Hauptverfahren kann nur aufgrund der Erhebung einer gesetzmäßigen Anklage eingeleitet werden. Das Gericht kann nur über die strafrechtliche Verantwortlichkeit einer Person entscheiden, gegen die Anklage erhoben wurde, und nur aufgrund einer Handlung, die Gegenstand der Anklage ist.

(3) Im Hauptverfahren stehen während der Beweisaufnahme dem Ankläger, dem Beschuldigten und dem Verteidiger dieselben Rechte zu.

Mündlichkeit und Unmittelbarkeit

§ 10 (1) Die Gerichtsverhandlung ist mündlich.

(2) Das Gericht gründet seine Entscheidung in der Sache auf die unmittelbar während der Verhandlung geprüften Beweise.

Die Öffentlichkeit der Verhandlung

§ 11 (1) Gerichtsverhandlungen sind öffentlich.

(2) Das Gericht kann durch eine mit Gründen versehene Entscheidung die Öffentlichkeit von der gesamten Verhandlung oder einem Teil derselben ausschließen, wenn dies zur Wahrung eines Staats- oder Dienstgeheimnisses oder aus sittlichen Gründen notwendig ist. Einzelnen Amtspersonen kann das Gericht auch in diesem Fall die Erlaubnis erteilen, bei der Verhandlung anwesend zu sein.

(3) Das Gericht kann seine während der Verhandlung ergangenen Entscheidungen auch dann öffentlich verkünden, wenn die Öffentlichkeit von der Verhandlung ausgeschlossen war.

II. Titel

Grundlegende Bestimmungen

Die Einleitung des Strafverfahrens

§ 12 (1) Ein Strafverfahren kann nur bei Vorliegen der in diesem Gesetz vorgesehenen Voraussetzungen im Falle des begründeten Verdachts, daß eine Straftat begangen worden ist und nur gegen denjenigen eingeleitet werden, gegen den der begründete Verdacht besteht, eine Straftat begangen zu haben.

(2) Dem Gerichtsverfahren gehen - sofern dieses Gesetz keine Ausnahme vorsieht - Ermittlungen voran.

Verfahrenshindernisse

§ 13 Ein Strafverfahren kann nicht eingeleitet werden, und ein bereits eingeleitetes Verfahren ist einzustellen bzw. ein freisprechendes Urteil zu erlassen, wenn

a) die Handlung keine Straftat ist oder nicht vom Beschuldigten (von der angezeigten Person) begangen worden ist;

b) nicht feststellbar ist, daß eine Straftat begangen wurde bzw. daß die Straftat von dem Beschuldigten (von der angezeigten Person) begangen worden ist;

c) ein strafausschließender oder strafaufhebender Grund vorliegt;

d) die Handlung des Beschuldigten bereits rechtskräftig abgeurteilt worden ist, mit Ausnahme der Fälle der Wiederaufnahme des Verfahrens und der Gesetzlichkeitsverwahrung.

Eigenständige Beurteilung der strafrechtlichen Verantwortlichkeit

§ 14 Bei der Beurteilung der Frage, ob der Beschuldigte schuldig und welcher Straftat er schuldig zu sprechen ist, ist die in Strafsachen tätige Behörde nicht an die in einem Zivilprozeß, bzw. in einem

Ordnungswidrigkeiten- oder Disziplinarverfahren oder in einem Verfahren vor einem Gesellschaftsgericht ergangenen rechtskräftigen Entscheidungen bzw. an die in diesen Verfahren getroffenen tatsächlichen Feststellungen gebunden.

Der Geltungsbereich des Gesetzes

§ 15 (1) Das Strafverfahren ist nach den zur Zeit der Aburteilung der Handlung geltenden Gesetzen durchzuführen.

(2) In den in den Geltungsbereich der ungarischen Strafgesetze fallenden Strafsachen (§ 3 und 4 StGB) ist das Strafverfahren nach diesem Gesetz durchzuführen.

(3) Ein Strafverfahren kann nicht gegen eine Person eingeleitet werden, die nach internationalen Verträgen oder aufgrund der Gegenseitigkeit Immunität genießt. Hat der fremde Staat auf die Immunität verzichtet, so ist das Verfahren nach diesem Gesetz durchzuführen.

II. Kapitel

Die in Strafsachen tätigen Behörden

I. Titel

Die Behörden

Die Ermittlungsbehörden

§ 16 (1) Die Aufgaben der Ermittlungsbehörden sind die schnelle und gründliche Aufklärung von Straftaten sowie die Vornahme von Ermittlungshandlungen, die erforderlich sind, um die strafrechtliche Verantwortlichkeit der Beteiligten[1] zu begründen.

(2) Ermittlungsbehörden sind die Polizei und die Staatsanwaltschaft.

1 "Beteiligter" ist der Sammelbegriff für den Täter, Mittäter, Anstifter und Gehilfen (vgl. § 19 StGB).

(3) Bei Finanzstraftaten (XVII. Kapitel, IV. Titel StGB) ermittelt die Zoll- und Finanzbehörde nach Maßgabe besonderer Rechtsvorschriften. Aufgrund besonderer Rechtsvorschriften können auch andere Staatsverwaltungsorgane Ermittlungshandlungen vornehmen.

(4) Wegen einer Straftat, die auf einem außerhalb der ungarischen Staatsgrenzen befindlichen ungarischen Handelsschiff oder in einem ungarischen Zivilflugzeug von einem ungarischen Staatsbürger oder - in dem in § 3 Abs.2 bzw. in § 4 StGB bezeichneten Fall - von wem auch immer begangen wurde, ist der Kommandant des Schiffs bzw. des Flugzeugs zur Vornahme der Ermittlungshandlungen befugt.

Der Staatsanwalt

§ 17 Aufgaben des Staatsanwalts sind die Überwachung der Rechtmäßigkeit der Ermittlungen, die Erhebung und Vertretung der Anklage sowie in den gesetzlich bestimmten Fällen die Vornahme der Ermittlungen.

§ 18 (1) Der Staatsanwalt ist im Rahmen der Überwachung der Rechtmäßigkeit der Ermittlungen befugt,

a) die Ermittlungsbehörde zur Vornahme der Ermittlungen oder einzelner Ermittlungshandlungen anzuweisen;

b) Einsicht in die Ermittlungsakten zu nehmen und sie an sich zu ziehen;

c) bei den Ermittlungshandlungen anwesend zu sein;

d) eine Entscheidung der Ermittlungsbehörde in den gesetzlich bestimmten Fällen zu bestätigen, abzuändern oder aufzuheben;

e) die Ermittlungen einzustellen;

f) über an ihn gerichtete Beschwerden gegen Maßnahmen oder Unterlassungen der Ermittlungsbehörde zu entscheiden.

(2) Der Staatsanwalt sorgt während der Ermittlungen dafür, daß die am Verfahren Beteiligten ihre Rechte ausüben können und überwacht die Rechtmäßigkeit der Anwendung von Zwangsmaßnahmen.

(3) Der Staatsanwalt kann das Verfahren von der Ermittlungsbehörde an sich ziehen.

(4) Der Staatsanwalt erhebt in den in diesem Gesetz bestimmten Fällen die Anklage und vertritt - abgesehen vom Fall der Privatklage - die Anklage vor Gericht. Der Staatsanwalt kann die Anklage zurücknehmen oder abändern. Er kann im Hauptverfahren Einsicht in die Akten nehmen und bis zur Entscheidung des Gerichts zu allen sich aus der Sache ergebenden Fragen Anträge stellen.

§ 19 (1) Die Teilnahme des Staatsanwalts ist notwendig bei Verhandlungen vor dem Obersten Gericht und bei erstinstanzlichen Verhandlungen vor dem Komitatsgericht sowie im Verbrechensverfahren vor dem Ortsgericht und dem Militärgericht.

(2) Im Vergehensverfahren ist die Teilnahme des Staatsanwalts dann notwendig, wenn

a) sich der Beschuldigte in Untersuchungshaft befindet;

b) er seine Teilnahme an der Verhandlung vorher angekündigt hat;

c) über eine Zwangsheilbehandlung zu entscheiden ist;

d) ihn das Gericht zur Teilnahme an der Verhandlung verpflichtet hat.

(3) Der Staatsanwalt kann an der Verhandlung und an anderen Verfahrenshandlungen als Vertreter der Anklage auch dann teilnehmen, wenn er zur Teilnahme nicht verpflichtet ist.

Das Gericht

§ 20 (1) Aufgabe des Gerichts ist die Rechtsfindung; dabei entscheidet es über die strafrechtliche Verantwortlichkeit des Beschuldigten.

(2) In erster Instanz entscheiden das Ortsgericht, das Komitatsgericht und das Militärgericht.

(3) In zweiter Instanz entscheiden

in Sachen, für die das Ortsgericht in erster Instanz sachlich zuständig ist, das Komitatsgericht;

in Sachen, für die das Komitats- oder das Militärgericht in erster Instanz sachlich zuständig ist, das Oberste Gericht.

(4) Das Oberste Gericht entscheidet in erster Instanz in den in § 26 Abs. 2 bezeichneten Fällen, in zweiter Instanz in den in § 26 Abs. 3 be-

zeichneten Fällen sowie über Berufungen gegen seine in erster Instanz ergangenen Entscheidungen.

§ 21 (1) Das in erster Instanz erkennende Gericht ist ein aus einem Berufsrichter und zwei Volksbeisitzern bestehender Senat.

(2) In den in diesem Gesetz bezeichneten Fällen entscheidet das in erster Instanz erkennende Gericht

a) als Gericht ohne Mitwirkung von Volksbeisitzern (in der Besetzung mit einem Einzelrichter);

b) als Senat des Komitats- bzw. Militärgerichts in der Besetzung mit zwei Berufsrichtern und drei Volksbeisitzern.

(3) Der in zweiter Instanz erkennende Senat besteht aus drei Berufsrichtern.

(4) Bei der Rechtsprechung stehen den Berufsrichtern und den Volksbeisitzern dieselben Rechte zu; sie haben auch dieselben Pflichten. Der Vorsitzende des Senats und der Einzelrichter sind Berufsrichter.

II. Titel

Sachliche und örtliche Zuständigkeit

Sachliche und örtliche Zuständigkeit der Ermittlungsbehörden

§ 22 Die sachliche und örtliche Zuständigkeit der Ermittlungsbehörden werden in einer besonderen Rechtsvorschrift geregelt.

Sachliche und örtliche Zuständigkeit des Staatsanwalts

§ 23 (1) In Strafsachen ist in der Regel der Staatsanwalt sachlich zuständig, der im Gebiet des sachlich zuständigen Gerichts tätig ist. Die Einzelbestimmungen über die Zuständigkeit erläßt der Oberste Staatsanwalt.

(2) Die örtliche Zuständigkeit des Staatsanwalts bestimmt sich nach der örtlichen Zuständigkeit des Gerichts, in dessen Gebiet er tätig ist. Auf Weisung des Obersten Staatsanwalts bzw. des Oberstaatsanwalts des Komitats kann der Staatsanwalt auch in Sachen, auf die sich seine örtliche Zuständigkeit nicht erstreckt, tätig werden.

Die sachliche Zuständigkeit der Gerichte

§ 24 Zur Durchführung des Verfahrens ist das Ortsgericht sachlich zuständig. Ausgenommen sind Straftaten, für deren Aburteilung nach diesem Gesetz die sachliche Zuständigkeit des Komitats- bzw. des Militärgerichts begründet ist.

§ 25 Das Komitatsgericht ist sachlich zuständig in Verfahren wegen

a) Straftaten, für die im Gesetz auch die Todesstrafe vorgesehen ist;

b) Straftaten gegen den Staat (X. Kapitel StGB) - mit Ausnahme der Aufhetzung (§§ 148, 149 StGB) - sowie wegen Straftaten gegen den Frieden und die Menschlichkeit (XI. Kapitel StGB);

c) Verletzung eines Staatsgeheimnisses (§ 221 StGB);

d) terroristischen Handlungen (§ 261 StGB) und rechtswidriger Inbesitznahme eines Luftfahrzeuges (§ 262 StGB);

e) Geldfälschung (§§ 304-306 StGB);

f) vorsätzlicher Tötung (§ 166 Abs. 1-3 StGB), im Zustand heftiger Erregung begangener Tötung (§ 167 StGB), Körperverletzung mit Lebensgefahr und Körperverletzung mit Todesfolge (§ 170 Abs. 5 StGB);

g) der Begehung eines Diebstahls oder einer Unterschlagung hinsichtlich eines besonders hohen Wertes (§ 316 Abs. 6 Buchstabe a, § 317 Abs. 6 Buchstabe a StGB), der Begehung eines Betruges unter Verursachung eines besonders großen Schadens (§ 318 Abs. 6 Buchstabe a StGB), der Begehung einer Untreue unter Verursachung eines besonders großen Vermögensnachteils (§ 319 Abs. 3 Buchstabe c StGB) sowie eines in bezug auf einen besonders hohen Wert begangenen Raubes (§ 321 Abs. 4 Buchstabe a StGB).

§ 26 (1) Das Komitatsgericht ist sachlich zuständig bei anderen in § 25 nicht genannten Straftaten, wenn der Staatsanwalt vor diesem Gericht Anklage erhebt.

(2) Erhebt der Oberste Staatsanwalt Anklage vor dem Obersten Gericht oder erklärt der Vorsitzende des Obersten Gerichts das Oberste

Gericht in einer Sache für zuständig, so entscheidet das Oberste Gericht in erster Instanz.

(3) Der Vorsitzende des Obersten Gerichts ist befugt, in Ausnahmefällen jede Sache dem Obersten Gericht zur Entscheidung in zweiter Instanz zuzuweisen.

§ 27 Hat der Beschuldigte Straftaten begangen, die zur sachlichen Zuständigkeit verschiedener Gerichte gehören, so ist das Komitatsgericht zuständig. Gehört jedoch eine der Straftaten zur sachlichen Zuständigkeit des Militärgerichts, so ist das Militärgericht sachlich zuständig.

Die örtliche Zuständigkeit der Gerichte

§ 28 (1) Zur Durchführung des Verfahrens ist dasjenige Gericht zuständig, in dessen Bezirk die Straftat begangen wurde.

(2) Wurde die Straftat in dem Bezirk mehrerer Gerichte begangen oder ist der Tatort nicht zu ermitteln, so entscheidet die Priorität (§ 31 Abs. 1). Wird der Tatort jedoch noch vor Anberaumung des Verhandlungstermins bekannt, so wird das Verfahren auf Antrag des Staatsanwalts, des Beschuldigten, des Verteidigers oder des Privatklägers vor demjenigen Gericht fortgesetzt, in dessen Bezirk die Straftat begangen wurde.

(3) Für das Verfahren ist das Gericht des Wohnsitzes des Beschuldigten zuständig, wenn der Staatsanwalt vor diesem Gericht Anklage erhebt oder der Privatkläger dort Anzeige erstattet.

§ 29 (1) Das Budapester Hauptstädtische Gericht ist ausschließlich örtlich zuständig für das Verfahren wegen Landesverrats (§ 144 StGB), Verrats (§ 145 StGB), Spionage (§ 147 StGB), Unterlassung der Anzeige dieser Straftaten (§ 150 StGB) ferner dann, wenn diese Straftaten zum Schaden eines anderen sozialistischen Staates begangen wurden (§ 151 StGB) sowie wegen rechtswidriger Inbesitznahme eines Luftfahrzeuges (§ 262 StGB).

(2) Für Verfahren wegen Straftaten gegen die Devisenbewirtschaftung (§ 309 StGB) ist im Bezirk des Budapester Hauptstädtischen Gerichts das Zentrale Bezirksgericht in Pest bzw. das Ortsgericht am Sitz des Komitatsgerichts ausschließlich örtlich zuständig.

(3) Für Verfahren wegen im beruflichen Bereich begangener Gefährdung (§ 171 StGB), Verkehrsstraftaten (XIII. Kapitel StGB), Herbeiführung einer Gemeingefahr (§ 259 StGB), Störung der Tätigkeit eines Betriebes von öffentlichem Interesse (§ 260 StGB) sowie wegen Straftaten durch Verletzung der Pflicht zur Wirtschaftlichkeit (XVII. Kapitel I. Titel StGB) ist im Bezirk des Budapester Hauptstädtischen Gerichts das Zentrale Bezirksgericht in Pest, im übrigen Landesgebiet das Ortsgericht am Sitz des Komitatsgerichts örtlich zuständig.

(4) Wegen der in Absatz 3 bezeichneten Straftaten entscheidet das nach § 28 örtlich zuständige Gericht, wenn der Staatsanwalt bei ihm Anklage erhebt.

§ 30 (1) Im Falle einer außerhalb des Gebiets der Ungarischen Volksrepublik begangenen Straftat ist dasjenige Gericht örtlich zuständig, in dessen Bezirk der Beschuldigte wohnt, sich aufhält oder sich - in Ermangelung eines Aufenthaltsorts - in Haft befindet.

(2) Hat der Beschuldigte eine Straftat außerhalb der Landesgrenzen der Ungarischen Volksrepublik begangen und findet das Verfahren in seiner Abwesenheit statt, so ist das Gericht örtlich zuständig, in dessen Bezirk der Beschuldigte zuletzt gewohnt oder sich aufgehalten hat.

§ 31 (1) Werden dem Beschuldigten mehrere Straftaten zur Last gelegt und sind für das Verfahren verschiedene Gerichte örtlich zuständig, so entscheidet dasjenige Gericht, das nach den §§ 29 und 30 für eine der Straftaten örtlich zuständig ist. Im übrigen geht von mehreren gleicherweise sachlich zuständigen Gerichten dasjenige vor. das sich zuerst mit der Sache befaßt hat (Priorität).

(2) Im Fall mehrerer Täter kann das Gericht, das für einen Täter örtlich zuständig ist, auch das Verfahren gegen die übrigen durchführen, sofern die Aburteilung der Straftat nicht seine sachliche Zuständigkeit übersteigt. Gibt es mehrere derartige Gerichte, so entscheidet die Priorität.

(3) Die für den Täter gegebene örtliche Zuständigkeit erstreckt sich auch auf den Täter einer Begünstigung und den Hehler.

Verbindung und Trennung von Strafsachen

§ 32 (1) Sämtliche Täter einer Straftat sowie der Täter einer Begünstigung und der Hehler sind in der Regel in demselben Verfahren zur Verantwortung zu ziehen.

(2) Strafsachen, deren gemeinsame Erledigung mit Rücksicht auf den Gegenstand des Verfahrens oder die daran beteiligten Personen oder aus einem anderen Grund zweckmäßig erscheint, können verbunden werden.

(3) Von einer Verbindung von Strafsachen ist abzusehen bzw. sie sind zu trennen, wenn die große Anzahl der Beschuldigten oder ein anderer Umstand die Verhandlung wesentlich erschweren würde.

(4) Im Fall der Trennung sind die Akten demjenigen Gericht zu übergeben, das sonst örtlich zuständig wäre.

Prüfung der sachlichen und örtlichen Zuständigkeit

§ 33 (1) Die Behörde prüft ihre sachliche und örtliche Zuständigkeit von Amts wegen.

(2) Nach Verhandlungsbeginn berücksichtigt das Gericht den Mangel der sachlichen Zuständigkeit nur dann, wenn für die Sache das Komitats- oder das Militärgericht zuständig ist.

(3) Nach Verhandlungsbeginn ist der Mangel der örtlichen Zuständigkeit nur in den Fällen des § 29 Abs. 1 und des § 297 Abs. 1 und 2 zu berücksichtigen.

Die Bestimmung des zuständigen Gerichts

§ 34 (1) In den Fällen, in denen es hinsichtlich der sachlichen und örtlichen Zuständigkeit zum Streit zwischen mehreren Gerichten kommt, ist das erkennende Gericht nach Einholung der Stellungnahme des Staatsanwalts zu bestimmen.

(2) Die Bestimmung trifft der zweitinstanzliche Senat des Komitatsgerichts im Rahmen einer nichtöffentlichen Sitzung, wenn der Streit zwischen den zu seinem Zuständigkeitsbereich gehörenden Ortsgerichten entstanden ist. In den anderen Fällen erfolgt die Bestimmung nach Anhörung des Obersten Staatsanwalts durch das Oberste Gericht. Das Oberste Gericht bestimmt das zuständige Gericht auch dann, wenn die für die örtliche Zuständigkeit maßgebenden Umstände nicht zu ermitteln sind.

(3) Ist der Streit hinsichtlich der sachlichen Zuständigkeit zwischen einem Militärgericht und einem anderen Gericht entstanden, so entscheidet das Oberste Gericht nach Anhörung des Obersten Staatsanwalts.

(4) Das Oberste Gericht bestimmt an Stelle des sonst zuständigen Gerichts auf Antrag des Obersten Staatsanwalts ein anderes Gericht von gleicher sachlicher Zuständigkeit, wenn dies hinsichtlich der Vorbereitung der Sache, der Erleichterung der Beweisaufnahme oder wegen eines anderen schwerwiegenden Interesses begründet ist.

III. Titel

Ausschließung von in Strafsachen tätigen Amtspersonen

Allgemeine Ausschließungsregeln

§ 35 (1) An der Erledigung einer Strafsache kann als Amtsperson nicht mitwirken:

a) wer in der Sache die Stellung des Beschuldigten, Verteidigers, Verletzten, Anzeigenden oder eines Vertreters dieser Personen innehat oder innegehabt hat sowie Angehörige[2] der angeführten Personen;

b) wer in der Sache als Zeuge oder als Sachverständiger vernommen wird oder vernommen worden ist;

c) wer die unbefangene Beurteilung der Sache aus einem anderen Grund nicht erwarten läßt.

(2) Ein Ausschließungsgrund liegt nicht vor, wenn die Amtsperson wegen einer Straftat, von der sie in ihrer amtlichen Zuständigkeit Kenntnis erlangt hat, Anzeige erstattet hat.

---

2 Nach § 137 Nr.5 StGB sind Angehörige: Verwandte in gerader Linie und deren Ehegatten, Adoptiv- und Pflegeeltern, Adoptiv- und Pflegekinder, Geschwister, Ehegatten, Lebensgefährten und Verlobte, Verwandte der Ehegatten in gerader Linie und Geschwister der Ehegatten sowie die Ehegatten dieser Geschwister.

(3) Die Vorschriften über die Ausschließung von Amtspersonen sind auch auf die Ausschließung des Protokollführers anzuwenden.

(4) Die Behörde, deren Vorsitzender nach Absatz 1 Buchstabe a ausgeschlossen worden ist, kann in der Sache nicht tätig werden; ausgenommen sind Organe von nationaler Zuständigkeit.

§ 36 (1) Die Behörde ist verpflichtet, darauf zu achten, daß eine Amtsperson, bei der ein Ausschließungsgrund vorliegt, nicht in der Sache tätig wird. In einem derartigen Fall wird das Ausschließungsverfahren vom Vorsitzenden der Behörde von Amts wegen eingeleitet.

(2) Jede Amtsperson ist verpflichtet, dem Vorsitzenden der Behörde unverzüglich Anzeige zu machen, wenn bei ihr ein Ausschließungsgrund vorliegt. Für die Unterlassung der Anzeige oder deren Verzögerung ist sie disziplinarisch und materiell verantwortlich.

(3) Der Ausschließungsgrund kann auch vom Staatsanwalt, vom Beschuldigten, vom Verteidiger, vom Verletzten und dessen Vertreter geltend gemacht werden.

§ 37 (1) Die Amtsperson, die den die eigene Person betreffenden Ausschließungsgrund geltend gemacht hat, kann bis zur Erledigung der Anzeige nicht in der Sache tätig werden.

(2) Erstattet der Beschuldigte, der Verteidiger, der Verletzte oder dessen Vertreter eine auf eine Ausschließung gerichtete Anzeige offensichtlich unbegründet oder erstattet er in derselben Sache bezüglich derselben Amtsperson wiederholt unbegründete Anzeigen, so kann er in der die Ausschließung ablehnenden Entscheidung mit einer Ordnungsstrafe belegt werden.

(3) Die Amtsperson kann in der Sache ohne die in den §§ 38 Abs. 2, 39 Abs. 2 und 41 Abs. 2 bezeichneten Beschränkungen verfahren, wenn derselbe Anzeigende in demselben Verfahrensabschnitt nach Ablehnung der Ausschließung eine neue Anzeige erstattet.

Die Ausschließung von ermittelnden Amtspersonen

§ 38 (1) An der Ermittlung kann - außer in den in § 35 bezeichneten Fällen - als ermittelnde Amtsperson nicht mitwirken, wer in der

Sache als Richter oder als Angehöriger des Richters mitgewirkt hat. Wird die Ermittlung im Wiederaufnahmeverfahren vorgenommen, so ist auch die im Grundverfahren ermittelnde Amtsperson ausgeschlossen.

(2) Hat die ermittelnde Amtsperson den die eigene Person betreffenden Ausschließungsgrund nicht selbst angezeigt, so kann sie bis zur Erledigung der Anzeige in der Sache mitwirken, jedoch - abgesehen von dringenden unaufschiebbaren Fällen - keine Zwangsmaßnahmen anordnen.

(3) Über die Frage der Ausschließung einer ermittelnden Amtsperson entscheidet der Leiter der Ermittlungsbehörde, bezüglich des letzteren entscheidet der Leiter der übergeordneten Ermittlungsbehörde.

Die Ausschließung des Staatsanwalts

§ 39 (1) Am Strafverfahren kann als Staatsanwalt - außer in den in § 35 bezeichneten Fällen - auch nicht mitwirken, wer in der Sache als Richter tätig war oder Angehöriger des in der Sache tätig gewesenen Richters ist.

(2) Hat der Staatsanwalt von dem die eigene Person betreffenden Ausschließungsgrund nicht selbst Anzeige erstattet, so kann er bis zur Erledigung der Anzeige in der Sache tätig werden, er kann jedoch - abgesehen von dem in § 35 Abs. 1 Buchstabe c bezeichneten Ausschließungsgrund - die Ermittlungen nicht verweigern oder einstellen, außer in dringenden unaufschiebbaren Fällen keine Zwangsmaßnahmen anordnen, keine Anklage erheben und die Anklage nicht vertreten.

(3) Über die Frage der Ausschließung der örtlichen Staatsanwälte entscheidet der Leiter der örtlichen Staatsanwaltschaft, bezüglich des letzteren und über die Frage der Ausschließung der Komitatsstaatsanwälte entscheidet der Komitatsoberstaatsanwalt, über die Frage der Ausschließung des Komitatsoberstaatsanwalts und der Staatsanwälte der Obersten Staatsanwaltschaft der Oberste Staatsanwalt.

Die Ausschließung von Richtern

§ 40 (1) An der Erledigung einer Sache kann als Richter - außer in den in § 35 bezeichneten Fällen - auch nicht mitwirken, wer in der Sache als ermittelnde Amtsperson oder als Staatsanwalt tätig war oder wer Angehöriger dieser Personen ist.

(2) Von der zweitinstanzlichen Erledigung der Sache ist auch der Richter ausgeschlossen, der an der erstinstanzlichen Erledigung der Sache mitgewirkt hat.

(3) Wurde das Urteil des in erster Instanz erkennenden Gerichts aufgehoben und das erstinstanzliche Gericht zur Durchführung eines neuen Verfahrens angewiesen, so ist von dem wiederholten Verfahren der Richter, der an der Entscheidung des zweitinstanzlichen Gerichts mitgewirkt hat, ausgeschlossen.

(4) Am Wiederaufnahmeverfahren und bei der Entscheidung über die Gesetzlichkeitsverwahrung kann als Richter nicht mitwirken, wer an der Entscheidung im Grundverfahren mitgewirkt hat. Diese Bestimmung bezieht sich nicht auf den Fall, in dem die Entscheidung, gegen die Gesetzlichkeitsverwahrung eingelegt wurde, durch den Präsidialsenat des Obersten Gerichts ergangen ist.

§ 41 (1) Der in § 35 Abs.1 Buchstabe c genannte Ausschließungsgrund kann von den in § 36 Abs.3 bezeichneten Personen nach Verhandlungsbeginn nur dann geltend gemacht werden, wenn sie dartun können, daß sie von der der Anzeige zugrunde liegenden Tatsache erst nach Verhandlungsbeginn Kenntnis erlangt haben und wenn sie diese unverzüglich geltend machen.

(2) Hat der Richter den Ausschließungsgrund nicht selbst angezeigt, so kann er bis zur Erledigung der Anzeige in der Sache tätig werden, jedoch darf er - abgesehen vom Fall des in § 35 Abs.1 Buchstabe c bezeichneten Ausschließungsgrundes - an der Entscheidung nicht mitwirken.

§ 42 (1) Hat der Richter selbst den Ausschließungsgrund geltend gemacht oder hat er der Ausschließung zugestimmt, so bestimmt der Vorsitzende des Gerichts einen anderen Richter. In diesem Fall ist keine besondere Ausschließungsentscheidung erforderlich.

(2) Kann die Frage der Ausschließung nicht in der in Absatz 1 bezeichneten Weise erledigt werden, so trifft ein anderer Senat desselben Gerichts die Entscheidung in der Sache.

(3) In den in § 35 Abs. 4 bezeichneten Fällen oder wenn das Gericht nicht über einen von keinem Ausschließungsgrund betroffenen

Senat verfügt, entscheidet das Gericht zweiter Instanz über die Ausschließung. Wird die Ausschließung angeordnet, so sind die Vorschriften des § 34 über die Bestimmung des Gerichts entsprechend anzuwenden.

(4) Über die Frage der Ausschließung entscheidet das Gericht in nichtöffentlicher Sitzung. Vor der Entscheidung ist der Staatsanwalt zu hören. Hat der Richter die Anzeige nicht selbst erstattet, so ist auch seine Stellungnahme einzuholen.

(5) Gegen eine die Ausschließung anordnende Entscheidung kann keine Berufung eingelegt werden; gegen eine die Ausschließung ablehnende Entscheidung ist die Beschwerde nur im Zusammenhang mit der gegen die Entscheidung in der Sache selbst eingelegten Berufung möglich.

III. Kapitel

Die am Strafverfahren Beteiligten

§ 43 Am Strafverfahren sind - außer den im II. Kapitel bezeichneten Behörden und deren Amtspersonen - der Beschuldigte, der Verteidiger, ferner der Verletzte, der Privatkläger, die Privatpartei, die übrigen Betroffenen und deren Vertreter beteiligt.

Der Beschuldigte

§ 44 (1) Derjenige, gegen den ein Strafverfahren eingeleitet worden ist (der Beschuldigte), ist während der Ermittlungen Verdächtigter, im Hauptverfahren Angeklagter und, nachdem ein rechtskräftiges Urteil ergangen ist, Verurteilter.

(2) Dem Beschuldigten ist zu eröffnen, welches die Straftat ist, derentwegen gegen ihn ein Strafverfahren eingeleitet wurde oder fortgesetzt wird.

(3) Der Beschuldigte kann bei der Durchführung von Ermittlungshandlungen anwesend sein, wenn dieses Gesetz es gestattet. Der Angeklagte kann im Hauptverfahren - sofern dieses Gesetz nichts anderes bestimmt - bei der Durchführung von Verfahrenshandlungen auch dann anwesend sein, wenn die Anwesenheit vom Gesetz nicht zwingend vorgeschrieben ist.

(4) Der Beschuldigte kann nach dem Abschluß der Ermittlungen

Einsicht in die Akten nehmen. Während der Dauer der Ermittlungen kann er in das Protokoll über die eigene Aussage, in Akten über Verfahrenshandlungen, bei denen er anwesend war, sowie in Gutachten Einsicht nehmen. Eine Einsichtnahme in die übrigen Akten ist dann möglich, wenn dadurch der Erfolg des Verfahrens nicht gefährdet wird.

(5) Der Beschuldigte kann in jedem Verfahrensabschnitt Anträge stellen und Erklärungen abgeben. Er kann die Behörde um Aufklärung über seine Rechte und Pflichten ersuchen und während der Verhandlung den dort vernommenen Personen Fragen stellen.

Der Verteidiger

§ 45 (1) Verteidiger kann sein:

a) ein Rechtsanwalt aufgrund einer Vollmacht oder einer Bestellung;

b) in einem Vergehensverfahren vor dem Ortsgericht der gesetzliche Vertreter des Beschuldigten und aufgrund einer Vollmacht auch ein volljähriger Angehöriger;

c) eine aufgrund einer Vollmacht hierzu durch eine besondere Rechtsvorschrift berechtigte Person.

(2) Die Interessen eines Beschuldigten können auch von mehreren Verteidigern wahrgenommen werden. Für mehrere Beschuldigte kann ein gemeinschaftlicher Verteidiger nur dann tätig werden, wenn kein Interessenkonflikt vorliegt.

§ 46 (1) Verteidiger kann nicht sein:

a) der Verletzte, einer seiner Angehörigen und der Vertreter des Verletzten;

b) wer an der Sache als Richter, Staatsanwalt oder als ermittelnde Amtsperson mitgewirkt hat;

c) wer ein gegen die Interessen des Beschuldigten gerichtetes Verhalten gezeigt hat oder wessen Interesse dem des Beschuldigten entgegengesetzt ist;

d) wer an der Sache als Zeuge oder als Sachverständiger beteiligt ist oder beteiligt war;

e) wem die Mitwirkung an öffentlichen Angelegenheiten untersagt wurde.

(2) Ein Rechtsanwaltsanwärter kann die Vertretung eines Rechtsanwalts nur in einer Verhandlung vor dem Ortsgericht wahrnehmen.

§ 47 Die Mitwirkung eines Verteidigers am Strafverfahren ist notwendig, wenn

a) die Straftat vom Gesetz mit einer schwereren Strafe als fünf Jahren Freiheitsentzug bedroht ist;

b) der Beschuldigte in Haft ist, abgesehen vom Fall der vorläufigen Festnahme;

c) der Beschuldigte taub, stumm, blind oder in einem pathologischen Geisteszustand ist oder die ungarische Sprache nicht beherrscht;

d) das Verfahren gegen einen sich gesetzwidrig im Ausland aufhaltenden Beschuldigten geführt wird;

e) die Sicherungsverwahrung des Beschuldigten beantragt wurde oder das Gericht feststellt, daß Sicherungsverwahrung angeordnet werden kann und

f) in den anderen in diesem Gesetz bezeichneten Fällen.

§ 48 (1) Einen Verteidiger kann vor allem der Beschuldigte bevollmächtigen. Auch sein gesetzlicher Vertreter oder ein volljähriger Angehöriger kann für die Bevollmächtigung eines Verteidigers sorgen. Der Beschuldigte ist von der Bevollmächtigung in Kenntnis zu setzen.

(2) Der Beschuldigte kann dem von ihm selbst bevollmächtigten wie auch dem von einem anderen bevollmächtigten Verteidiger die Vollmacht entziehen.

§ 49 (1) Hat der Beschuldigte keinen bevollmächtigten Verteidiger und ist die Verteidigung notwendig, so bestellt die Behörde einen Verteidiger.

(2) Die Behörde bestellt auf Ersuchen der in § 48 Abs. 1 bezeichneten Personen oder von Amts wegen einen Verteidiger, wenn dies im Interesse des Beschuldigten erforderlich ist.

(3) Der Verteidiger ist über eine Rechtsanwaltsgemeinschaft zu bestellen. Die Bestellung wird hinfällig, wenn für die Verteidigung des Beschuldigten durch Bevollmächtigung eines Verteidigers gesorgt wird.

(4) Gegen die Bestellung eines Verteidigers kann kein Rechtsmittel eingelegt werden.

§ 50 (1) Die Bestellung bzw. Bevollmächtigung ist - soweit keine gegenteilige Vereinbarung getroffen wird - bis zur Rechtskraft der Entscheidung in der Sache wirksam.

(2) Der Verteidiger ist aufgrund seiner Bestellung bzw. Bevollmächtigung zur Mitwirkung an den besonderen Verfahrensarten (XVIII. Kapitel) berechtigt.

(3) Im Namen des bestellten Verteidigers kann die Rechtsanwaltsgemeinschaft in begründeten Fällen auf die Verteidigung verzichten. Über die Annahme der Verzichtserklärung entscheidet die Behörde.

§ 51 Der Verteidiger ist verpflichtet, jedes gesetzliche Verteidigungsmittel im Interesse des Beschuldigten unverzüglich geltend zu machen, den Beschuldigten über die gesetzlichen Verteidigungsmittel zu unterrichten, ihn über seine gesetzlichen Rechte zu belehren sowie zur Aufklärung der die Verantwortlichkeit des Beschuldigten mildernden Umstände beizutragen.

§ 52 (1) Ist die Verteidigung notwendig, so ist der Verteidiger verpflichtet

a) in der Verhandlung

b) und bei anderen in diesem Gesetz bezeichneten Verfahrenshandlungen anwesend zu sein.

(2) Der Verteidiger kann bei der Durchführung von Ermittlungshandlungen anwesend sein, wenn dieses Gesetz es gestattet. Im Hauptverfahren kann er - soweit dieses Gesetz nichts anderes bestimmt - bei allen Verfahrenshandlungen auch dann anwesend sein, wenn seine Anwesenheit nicht zwingend vorgeschrieben ist.

(3) Der Verteidiger kann entsprechend § 44 Abs. 4 Einsicht in die Akten nehmen.

(4) Der Verteidiger kann in jedem Verfahrensabschnitt Anträge stellen und Erklärungen abgeben, die Behörden um Aufklärung ersuchen, an in der Verhandlung vernommene Personen Fragen stellen und selbst das Wort ergreifen.

Der Verletzte

§ 53 (1) Verletzter ist, wessen Recht oder berechtigtes Interesse durch die Straftat verletzt oder gefährdet wurde.

(2) Der Verletzte kann

a) während der Ermittlungen in den in diesem Gesetz bestimmten Fällen sowie während des Hauptverfahrens - sofern dieses Gesetz nichts anderes bestimmt - bei jeder Verfahrenshandlung anwesend sein;

b) nach dem Abschluß der Ermittlungen in die ihn betreffenden Akten Einsicht nehmen;

c) in jedem Verfahrensabschnitt Anträge stellen und Erklärungen abgeben und die Behörden hinsichtlich seiner Rechte und Pflichten im Strafverfahren um Aufklärung ersuchen;

d) in der Verhandlung beantragen, Fragen an die dort vernommenen Personen stellen zu dürfen, sowie selbst das Wort ergreifen.

Der Privatkläger

§ 54 (1) In Fällen von leichter Körperverletzung, Verletzung des Privat- und des Briefgeheimnisses, Verleumdung, Beleidigung und Pietätsverletzung wird, wenn das Strafverfahren nur auf Antrag stattfinden kann, die Anklage vom Verletzten als Privatkläger vertreten.

(2) Stirbt der Privatkläger, so kann binnen 30 Tagen sein nächster Angehöriger an seine Stelle treten.

(3) Auf den Verletzten, der nach § 314 Abs. 3 eine Widerklage einreicht, sind die Vorschriften dieses Gesetzes über den Privatkläger anzuwenden. Die Vorschriften dieses Gesetzes über den Privatkläger gelten auch für den Widerkläger.

Die Privatpartei

§ 55 (1) Der Verletzte, der einen zivilrechtlichen Anspruch geltend macht, ist Privatpartei.

(2) Die Privatpartei kann im Strafverfahren gegen den Beschuldigten den zivilrechtlichen Anspruch geltend machen, der aus der Straftat oder der Ordnungswidrigkeit, die das Gericht festgestellt hat, entstanden ist.

(3) Der Verletzte wird durch den Umstand, daß er nicht als Privatpartei aufgetreten ist, nicht daran gehindert, seinen zivilrechtlichen Anspruch auf einem anderen Rechtsweg geltend zu machen.

(4) Den zivilrechtlichen Anspruch kann auch der Staatsanwalt geltend machen.

(5) Stirbt der Verletzte, so kann sein Erbe als Privatpartei auftreten. Die in § 53 bezeichneten Rechte stehen ihm jedoch nur hinsichtlich seines zivilrechtlichen Anspruchs zu.

§ 56 Die Vorschriften der Zivilprozeßordnung finden insoweit Anwendung, als dieses Gesetz über die den zivilrechtlichen Anspruch betreffenden Verfahrensfragen keine Bestimmung trifft, vorausgesetzt, daß jene Vorschriften diesem Gesetz bzw. der Aufgabe und dem Charakter des Strafverfahrens nicht widersprechen. Das Gericht kann jedoch nicht auf den Abschluß eines Vergleichs hinwirken und keinen Vergleich bestätigen; der Beschuldigte kann gegenüber der Privatpartei keine Gegenforderung und keine Aufrechnung geltend machen.

Die übrigen Beteiligten

§ 57 Eine Person, deren Rechte durch eine im Verlauf der Verhandlung zu treffende Entscheidung unmittelbar betroffen werden kann, darf in der Verhandlung erscheinen und dort in dem Umfang, in dem sie vom Verfahren unmittelbar betroffen ist, Anträge stellen und Erklärungen abgeben.

Vertreter des Verletzten und der übrigen Beteiligten

§ 58 (1) Der Verletzte und die übrigen Beteiligten können ihre Rechte auch durch Vertreter ausüben.

(2) Zur Vertretung der in Absatz 1 genannten Personen sind befugt:

a) der bevollmächtigte Rechtsanwalt;

b) der gesetzliche Vertreter und aufgrund einer Vollmacht ein volljähriger Angehöriger;

c) eine andere durch eine besondere Rechtsvorschrift zur Vertretung berechtigte Person.

(3) Ein Staatsorgan, eine gesellschaftliche Organisation, eine Genossenschaft oder ein Verein können auch durch einen vertretungsberechtigten Werktätigen, ein zur Geschäftsführung berufenes Mitglied oder einen Angestellten vertreten werden.

(4) Derjenige, dem die Mitwirkung an öffentlichen Angelegenheiten untersagt wurde, kann nicht Vertreter sein.

IV. Kapitel

Die Beweise

I. Titel

Allgemeine Vorschriften über die Beweisaufnahme

Der Gegenstand der Beweisaufnahme

§ 59 (1) Die Beweisaufnahme erstreckt sich auf die für die Anwendung der Vorschriften des Straf- und des Strafverfahrensrechts bedeutsamen Tatsachen.

(2) Allgemein bekannte Tatsachen oder solche, von denen die Behörde in amtlicher Tätigkeit Kenntnis erlangt hat, sind nicht zu beweisen.

Die Rechtmäßigkeit der Beweisaufnahme

§ 60 (1) Die Erhebung, Sammlung und Sicherung der Beweise hat nach Maßgabe der Vorschriften dieses Gesetzes zu erfolgen. Rechtsvorschriften können eine bestimmte Art der Beweiserhebung, insbesondere der Sicherung und Überprüfung von Beweismitteln vorschreiben.

(2) Niemand darf durch Gewalt, Drohung oder auf eine ähnliche Weise zur Aussage gezwungen werden.

Die Beweismittel

§ 61 (1) Beweismittel sind insbesondere: Zeugenaussagen, Gutachten der Sachverständigen, Beweisgegenstände, Urkunden, die Einnahme eines Augenscheins, das Ermittlungsexperiment, die Vorführung zum Zwecke des Identitätsnachweises und die Aussage des Beschuldigten.

(2) Im Verfahren können auch solche Beweismittel verwendet werden, die die zuständigen Behörden bei der Erfüllung ihrer vom Gesetz vorgeschriebenen Pflichten noch vor der Einleitung des Strafverfahrens erlangt haben.

(3) Die Beweismittel haben keine im vorhinein bestimmte Beweiskraft.

(4) Eine nicht zweifelsfrei bewiesene Tatsache kann nicht zu Lasten des Beschuldigten verwertet werden.

II. Titel

Die Beweismittel

Die Zeugenaussage

§ 62 (1) Als Zeuge kann vernommen werden, wer von der zu beweisenden Tatsache Kenntnis hat.

(2) Die als Zeuge geladene Person ist verpflichtet, zur Vernehmung zu erscheinen und - sofern das Gesetz keine Ausnahme vorsieht - auszusagen. Der Zeuge hat in dem in einer besonderen Rechtsvorschrift geregelten Umfang Anspruch auf Ersatz der ihm aus seinem Erscheinen erwachsenen Unkosten. Hierauf ist der Zeuge nach Beendigung der Vernehmung hinzuweisen.

(3) In der Ladung kann der Zeuge auch aufgefordert werden, bestimmte Aufzeichnungen, Schriften oder andere in seinem Besitz befindliche Gegenstände mitzubringen, die bei der Vernehmung verwendet werden können.

§ 63 (1) Zu Beginn der Vernehmung ist der Zeuge über seinen Namen, die Zeit und den Ort seiner Geburt, den Namen seiner Mutter, seinen Wohnort, seine Beschäftigung, die Nummer seines Personalausweises, ferner darüber zu befragen, in welchem Interessenverhältnis er zu der Sache steht oder ob er befangen ist. Zur Beantwortung dieser Fragen ist der Zeuge auch dann verpflichtet, wenn er im übrigen zur Verweigerung des Zeugnisses berechtigt ist.

(2) Weiter ist zu klären, ob nicht ein Zeugnisverweigerungsrecht

(§§ 65 und 66) besteht. Der Zeuge ist ferner auf die Folgen einer falschen Zeugenaussage hinzuweisen.

(3) Kinder können nur dann als Zeugen vernommen werden, wenn ihre Aussage einen Beweis enthalten könnte, der voraussichtlich auf andere Weise nicht zu erlangen wäre.

(4) Bei der Vernehmung von Kindern und Minderjährigen als Zeugen kann nach dem Ermessen der Behörde auch der Betreuer oder der Erziehungsberechtigte anwesend sein.

§ 64 (1) Dem Zeugen ist Gelegenheit zu einer zusammenhängenden Aussage zu geben. Sodann können an den Zeugen Fragen gerichtet werden. Weicht die Aussage des Zeugen von einer früheren Aussage ab, so ist der Grund zu klären.

(2) Steht die Aussage des Zeugen zu derjenigen des Beschuldigten oder eines anderen Zeugen in Widerspruch, so ist gegebenenfalls der Versuch zu machen, den Widerspruch durch Gegenüberstellung zu klären. Die gegenübergestellten Personen wiederholen mündlich ihre Aussage. Die Behörde kann ihnen erlauben, sich gegenseitig Fragen zu stellen.

(3) Die Aussage des Zeugen ist in der Form der ersten Person und in der erforderlichen Ausführlichkeit zu Protokoll zu nehmen. Der Zeuge kann überdies seine Aussage auch eigenhändig schriftlich abfassen; die schriftliche Aussage ist dem Protokoll beizufügen.

Hindernisse für die Zeugenaussage

§ 65 (1) Als Zeuge kann nicht vernommen werden:

a) der Verteidiger über Mitteilungen, die ihm in dieser Eigenschaft bekannt geworden sind;

b) wer wegen eines körperlichen oder geistigen Gebrechens offensichtlich keine richtige Aussage erwarten läßt;

c) wer von der Geheimhaltungspflicht hinsichtlich einer Tatsache nicht befreit worden ist, die als Staats- oder Amtsgeheimnis angesehen wird.

(2) Welche Behörde oder welches Organ in den einzelnen Fällen zur Entbindung von der Geheimhaltungspflicht befugt ist, wird durch beson-

dere Rechtsvorschriften bestimmt. In dem Ersuchen um Entbindung von der Geheimhaltungspflicht sind die Fragen, für die um Entbindung ersucht wird, zu bezeichnen.

§ 66 (1) Die Zeugenaussage kann verweigert werden:

a) vom Angehörigen des Beschuldigten;

b) von demjenigen, der sich oder einen Angehörigen bezüglich der damit verbundenen Frage einer Straftat bezichtigen würde;

c) von einer Person, die aufgrund ihres Berufes oder ihres öffentlichen Amtes zur Geheimhaltung verpflichtet ist, wenn sie durch die Zeugenaussage ihre Geheimhaltungspflicht verletzen würde, es sei denn, daß der Betroffene sie von dieser Pflicht entbunden hat.

(2) Der Zeuge ist vor der Vernehmung bzw. unverzüglich dann, wenn sich ein Verweigerungsgrund herausstellt, auf sein Verweigerungsrecht hinzuweisen. Die erfolgte Belehrung sowie die Antwort des Zeugen auf die Belehrung sind in das Protokoll aufzunehmen. Über die Berechtigung zur Verweigerung des Zeugnisses hat die Behörde zu entscheiden.

§ 67 (1) Ein Hindernis für die Zeugenaussage ist ohne Rücksicht darauf zu beachten, ob es im Zeitpunkt der Begehung der Straftat oder der Vernehmung vorlag.

(2) Die Geheimhaltungspflicht des Zeugen (§§ 65 Abs. 1 Buchstabe c, 66 Abs. 1 Buchstabe c) besteht auch nach Beendigung des Dienstverhältnisses fort, aufgrund dessen er zur Geheimhaltung verpflichtet war.

(3) Die Aussage eines unter Verletzung der §§ 65 und 66 vernommenen Zeugen kann als Beweismittel nicht verwertet werden.

Gutachten

Zuziehung von Sachverständigen

§ 68 (1) Ist zur Feststellung oder Beurteilung einer zu beweisenden Tatsache eine besondere Fachkenntnis erforderlich, so ist ein Sachverständiger zuzuziehen.

(2) Die Zuziehung eines Sachverständigen ist zwingend, wenn die zu entscheidende Frage

a) einen pathologischen Geisteszustand,

b) die Notwendigkeit einer Zwangsheilbehandlung oder einer Zwangsbehandlung von Alkoholikern[3] betrifft.

(3) Der Justizminister kann - im Einvernehmen mit dem Innenminister und dem Obersten Staatsanwalt - die Zuziehung eines Sachverständigen auch für eine in Absatz 2 nicht genannte Frage anordnen.

(4) In der die Bestellung eines Sachverständigen betreffenden Entscheidung sind der Gegenstand der Untersuchung zu bezeichnen und die Fragen anzugeben, die der Sachverständige beantworten soll.

§ 69 (1) In der Regel ist nur ein Sachverständiger zuzuziehen. Erfordert es die Eigenart der Untersuchung, so können auch mehrere Sachverständige zugezogen werden.

(2) Bei einer gerichtlichen Leichenöffnung und bei der Untersuchung des Geisteszustandes des Beschuldigten sind zwei Sachverständige zuzuziehen. Der Justizminister kann - im Einvernehmen mit dem Innenminister und dem Obersten Staatsanwalt - die Zuziehung mehrerer Sachverständiger auch für andere Fälle vorschreiben.

Der Sachverständige

§ 70 (1) Die Behörde kann als Sachverständigen eine aufgrund besonderer Rechtsvorschrift ermächtigte Institution, einen öffentlich bestellten ständigen Sachverständigen, und wenn dies nicht möglich ist, eine andere Person oder eine andere Institution mit entsprechenden Sachkenntnissen (ad hoc bestellter Sachverständiger) bestellen.

(2) Bei der Zuziehung einer Institution bestimmt deren Leiter den Sachverständigen, der tätig werden soll.

(3) Von der Bestellung des Sachverständigen bzw. von der Bestimmung des Sachverständigen im Fall des Absatzes 2 sind der Beschuldigte,

3 Zwangsheilbehandlung von krankhaften Zuständen der Geistestätigkeit (§ 74 StGB); Zwangsbehandlung von Alkoholikern (§§ 75 und 76 StGB).

der Verteidiger und nach der Anklageerhebung auch der Staatsanwalt auf die in einer besonderen Rechtsvorschrift bezeichnete Weise zu verständigen.

Die Ausschließung des Sachverständigen

§ 71 (1) Als Sachverständiger kann nicht tätig werden:

a) eine in § 35 Abs. 1 Buchstaben a und c bezeichnete Person;

b) wer in der Sache als Amtsperson mitgewirkt hat;

c) bei einer Leichenschau oder Leichenöffnung der Arzt, der die verstorbene Person unmittelbar vor ihrem Tod behandelt hat;

d) der ständige Sachverständige einer Sachverständigeninstitution, wenn gegenüber deren Leiter ein in § 35 Abs. 1 Buchstabe a bezeichneter Ausschließungsgrund vorliegt;

e) bei der Überprüfung eines Gutachtens der Sachverständige, der das Gutachten erstellt hat.

(2) Bei der Anwendung des Absatzes 1 Buchstabe b ist der Sachverständige einer aufgrund besonderer Rechtsvorschrift ermächtigten Institution nicht als Amtsperson zu betrachten.

(3) Die Vorschriften des § 36 Abs. 2 und 3 sowie der §§ 65 und 66 sind auch hinsichtlich des Sachverständigen entsprechend anzuwenden.

Pflichten und Rechte des Sachverständigen

§ 72 (1) Der Sachverständige ist verpflichtet, an der Sache mitzuwirken und ein Gutachten zu erstatten.

(2) Die Behörde kann den Sachverständigen aus einem triftigen Grund von seiner Pflicht entbinden. Gehört die Fachfrage nicht zum Fachbereich des Sachverständigen, so verständigt er davon die Behörde, die seine Bestellung angeordnet hat.

(3) Der Sachverständige ist verpflichtet und berechtigt, alle zur Erfüllung seiner Aufgabe notwendigen Angaben in Erfahrung zu bringen. Er ist befugt, Einsicht in die Akten zu nehmen, bei Verfahrenshandlungen anwesend zu sein und an den Beschuldigten, den Zeugen und die übrigen Sachverständigen Fragen zu richten. Er kann auch - sofern dies zur Erfüllung seiner Aufgabe erforderlich ist - weitere Angaben, Akten und

Auskünfte sowie die Überlassung von Gegenständen verlangen und auch eine weitere Beweisaufnahme beantragen.

(4) Der Sachverständige kann auch in Abwesenheit der Behörde Untersuchungen vornehmen und die zur Erstellung des Gutachtens notwendigen Gegenstände besichtigen; dabei kann er auch den untersuchten bzw. sonst anwesenden Personen Fragen stellen, letzteren hinsichtlich des Nachweises der Identität von Gegenständen, deren Aufbewahrung und deren Gebrauch.

Die Verpflichtung zur Mitwirkung bei der Untersuchung durch den Sachverständigen

§ 73 (1) Der Beschuldigte und der Verletzte sind verpflichtet - mit Ausnahme eines körperlichen Eingriffs und einer als Eingriff zu betrachtenden Untersuchung - sich einer Untersuchung des Sachverständigen zu unterwerfen und zu dulden, daß der Sachverständige die für sein Gutachten erforderlichen Untersuchungen vornimmt. Der Verletzte ist ferner verpflichtet, die Durchführung der Untersuchung auch anderweitig (z.B. durch entsprechende Mitteilungen) zu fördern. Wegen des durch die Untersuchung des Sachverständigen verursachten Schadens ist nach Maßgabe besonderer Rechtsvorschriften Schadensersatz zu leisten.

(2) Der Beschuldigte kann zur Duldung der in Absatz 1 bezeichneten Handlungen gezwungen werden. Kommt der Verletzte seinen in Absatz 1 bezeichneten Verpflichtungen nicht nach, so kann er mit einer Ordnungsstrafe belegt werden.

(3) Die in den Absätzen 1 und 2 hinsichtlich des Verletzten getroffenen Regelungen sind auch auf den Zeugen anzuwenden. Die Vorschriften der §§ 65 und 66 sind entsprechend anzuwenden.

Die Beobachtung des Geisteszustandes

§ 74 (1) Ist dem Gutachten zufolge eine längere Beobachtung des Geisteszustandes notwendig, so kann der Beschuldigte in eine psychiatrische Anstalt eingewiesen werden. Über die Einweisung entscheidet bis zur Einreichung der Anklageschrift der Staatsanwalt, im Laufe des gerichtlichen Verfahrens das Gericht. Die Beobachtung kann bis zu einem Monat dauern. Die anordnende Behörde kann die Dauer der Beobachtung aufgrund eines Gutachtens der psychiatrischen Anstalt um einen Monat verlängern.

(2) Das gegen die Einweisung in eine psychiatrische Anstalt eingelegte Rechtsmittel des auf freiem Fuß befindlichen Beschuldigten hat aufschiebende Wirkung.

Vortrag oder Unterbreitung des Gutachtens

§ 75 (1) Der Sachverständige trägt sein Gutachten - den Anordnungen der Behörde entsprechend - mündlich vor oder unterbreitet es schriftlich innerhalb der von der Behörde festgesetzten Frist.

(2) Der Sachverständige gibt sein Gutachten im eigenen Namen ab. Sind mehrere Sachverständige zu derselben Ansicht gelangt, so können sie das Gutachten auch gemeinschaftlich erstatten (gemeinschaftliches Gutachten). In einer mehrere Sondergebiete berührenden Fachfrage können die Sachverständigen ihre Gutachten vereinigen (vereinigtes Gutachten).

Die Vernehmung des Sachverständigen

§ 76 (1) Vor Beginn des Gutachtenvortrags ist die Identität des Sachverständigen festzustellen und zu klären, ob er in der Sache befangen oder an ihr anderweitig beteiligt ist; ein für den Einzelfall bestellter Sachverständiger ist auf die Folgen der Erstellung eines falschen Gutachtens hinzuweisen. Nach dem Vortrag oder der Unterbreitung des Gutachtens können Fragen an den Sachverständigen gerichtet werden.

(2) Ist das Gutachten bzw. ein Teil davon unklar, mangelhaft oder hat es den Anschein, daß es in sich widersprüchlich ist oder zu dem Gutachten eines anderen Sachverständigen in Widerspruch steht oder bestehen gegen die Richtigkeit sonstige schwerwiegende Bedenken, so hat der Sachverständige nach Aufforderung durch die Behörde die Pflicht, den nötigen Aufschluß zu erteilen bzw. sein Gutachten zu ergänzen.

Die Bestellung eines anderen Sachverständigen

§ 77 (1) Führt der von dem bestellten Sachverständigen geforderte Aufschluß oder die Ergänzung seines Gutachtens nicht zum Erfolg oder liegt ein anderer zwingender Grund vor, so ist auf Antrag oder von Amts wegen ein weiterer Sachverständiger zu bestellen.

(2) Wurde ein öffentlich bestellter oder ein für den Einzelfall bestellter Sachverständiger zugezogen, und ist in derselben Frage ein neues Gutachten erforderlich, so ist an erster Stelle eine Fachinstitution zu bestellen.

(3) Ist über die Frage einer Zwangsheilbehandlung zu entscheiden, so ist auf Antrag des Beschuldigten, seines gesetzlichen Vertreters, seines Ehegatten oder des Verteidigers ein weiterer Sachverständiger zuzuziehen.

Die Überprüfung des Gutachtens

§ 78 Kann die Fachfrage auch durch die Bestellung eines anderen Sachverständigen nicht geklärt werden, so ordnet die Behörde - wenn hierzu die Möglichkeit besteht - die Überprüfung des Gutachtens an und ersucht darum die dafür bestimmte Institution.

Die Mitwirkung eines Fachberaters bei der Beweiserhebung

§ 79 (1) Sind zur Auffindung, Sammlung oder Sicherung von Beweismitteln besondere Fachkenntnisse notwendig, bzw. verlangt die Behörde in einer Fachfrage Aufschluß, so kann sie bei der Einnahme eines Augenscheins, beim Ermittlungsexperiment oder bei anderen Verfahrenshandlungen einen Fachberater in Anspruch nehmen.

(2) Die in den §§ 71 und 72 Abs. 3 und 4 getroffenen Regelungen über die Ausschließung des Sachverständigen bzw. über dessen in unmittelbarem Zusammenhang mit der Erstellung des Gutachtens stehende Rechte und Pflichten sind auch auf den Fachberater anzuwenden.

Der Dolmetscher

§ 80 (1) Will eine Person, deren Muttersprache nicht ungarisch ist, im Verfahren die Muttersprache verwenden, so ist ein Dolmetscher zuzuziehen.

(2) Bei der Vernehmung tauber oder stummer Personen ist in der Regel ein Dolmetscher zuzuziehen; diese Personen können jedoch auch schriftlich vernommen werden.

(3) Auf den Dolmetscher finden die Vorschriften dieses Gesetzes über den Sachverständigen entsprechende Anwendung.

Zwangsmaßnahmen gegenüber Zeugen und Sachverständigen

§ 81 (1) Verweigert ein Zeuge oder Sachverständiger nach Belehrung über die Folgen rechtswidrig die Aussage bzw. die Mitwirkung und Begutachtung, so kann er mit einer Ordnungsstrafe belegt und zum Ersatz der verursachten Kosten verpflichtet werden.

(2) Der Sachverständige kann auch dann mit einer Ordnungsstrafe belegt werden, wenn er mit der Vorlage seines Gutachtens ohne triftigen Grund säumig wird.

(3) Verweigert ein Zeuge oder ein Sachverständiger die Aussage bzw. das Gutachten unter Berufung auf sein Verweigerungsrecht, so hat das gegen die das Verweigerungsrecht ablehnende Entscheidung eingelegte Rechtsmittel aufschiebende Wirkung.

Die Beweisgegenstände

§ 82 (1) Beweisgegenstand ist jeder Gegenstand, der zum Beweis der zu beweisenden Tatsache geeignet ist, insbesondere ein Gegenstand, der die Spuren der Straftat an sich trägt oder durch die Straftat erlangt ist oder als Mittel zur Begehung der Straftat gedient hat oder auf den sich die Straftat bezog.

(2) Im Sinne dieses Gesetzes sind Beweisgegenstände ferner zur Beweisführung geeignete Schriftstücke sowie solche Gegenstände, durch die auf technischem oder chemischem oder ähnlichem Wege Daten festgehalten werden (Lichtbilder, Filme, Tonaufnahmen usw.).

(3) Ist der Beweisgegenstand zur Aufbewahrung ungeeignet, so ist den Akten eine Beschreibung, die alle mit der Straftat zusammenhängenden spezifischen Angaben enthält, oder ein von dem Beweisgegenstand angefertigtes Lichtbild beizufügen.

Die Urkunden

§ 83 (1) Beweismittel sind auch zur Bescheinigung einer Tatsache oder eines Umstandes ausgestellte Schriftstücke (Urkunden), wenn sie zum Beweis der zu beweisenden Tatsache geeignet sind.

(2) Die gesetzlichen Vorschriften über Urkunden sind auch auf Gegenstände anzuwenden, die zur Bescheinigung einer Tatsache oder eines Umstandes in der in § 82 Abs. 2 bezeichneten Weise angefertigt wurden.

(3) Eine den Inhalt einer Aussage (einer Erklärung) bescheinigende Urkunde kann nur nach den Vorschriften dieses Gesetzes und nur unter Beachtung des Prinzips der Unmittelbarkeit als Beweismittel verwendet werden. Kann die aussagende Person nicht vernommen werden oder besteht ein Widerspruch zwischen dem Inhalt der Urkunde und der Aussage, so kann die Urkunde verwendet werden.

Der Augenschein

§ 84 (1) Ein Augenschein ist einzunehmen, wenn zur Feststellung oder Aufklärung eines zu beweisenden Umstandes die unmittelbare Beobachtung bzw. Untersuchung einer Person, eines Gegenstandes oder des Tatorts notwendig ist.

(2) Im Rahmen der Einnahme eines Augenscheins sind alle hinsichtlich der Beweiserhebung wesentlichen Umstände ausführlich festzuhalten. Ist es möglich und notwendig, so sind vom Gegenstand des Augenscheins Aufnahmen, Zeichnungen oder Skizzen anzufertigen und dem Protokoll beizufügen. Bei der Einnahme eines Augenscheins sind auch Beweisgegenstände ausfindig zu machen und zu sammeln.

(3) Ist der Gegenstand des Augenscheins überhaupt nicht oder nur unter wesentlichen Schwierigkeiten oder mit großem Aufwand der Behörde vorzulegen, so muß der Augenschein am Tatort eingenommen werden.

(4) Jedermann ist verpflichtet, sich der Einnahme eines Augenscheins zu unterziehen und in seinem Besitz befindliche Gegenstände zur Einnahme eines Augenscheins zur Verfügung zu stellen. Der Beschuldigte kann hierzu gezwungen werden. Wird diese Pflicht von einer anderen Person verletzt, so kann sie mit einer Ordnungsstrafe belegt werden.

Das Ermittlungsexperiment

§ 85 (1) Ist festzustellen oder nachzuprüfen, ob irgendeine Handlung oder irgendein Vorgang sich an einem bestimmten Ort, zu einem bestimmten Zeitpunkt, in einer bestimmten Weise oder unter bestimmten Umständen ereignen konnte, so ordnet die Behörde die Durchführung eines Ermittlungsexperimentes an.

(2) Das Ermittlungsexperiment ist nach Möglichkeit unter denselben Umständen durchzuführen, unter denen sich die untersuchte Handlung oder der untersuchte Vorgang ereignet hat oder ereignen konnte.

(3) Das Ermittlungsexperiment darf nicht die menschliche Würde verletzen und niemandes Gesundheit gefährden.

Das Verfahren zur Identifikation von Personen und Sachen

§ 86 (1) Eine Person kann dem Beschuldigten oder einem Zeugen zum Zwecke des Identitätsnachweises gegenübergestellt, eine Sache zum gleichen Zweck vorgelegt werden.

(2) Die Person, von der die Identifizierung erwartet werden kann, ist vorher über die Umstände zu vernehmen, unter denen sie die zu identifizierende Person oder den zu identifizierenden Gegenstand wahrgenommen hat sowie über die Erkennungsmerkmale, nach denen die Person bzw. der Gegenstand zu identifizieren wären.

(3) Die Gegenüberstellung der Person und die Vorlage des Gegenstandes hat unter Umständen zu erfolgen, die eine Beeinflussung des Beschuldigten oder des Zeugen ausschließen.

Die Vernehmung des Beschuldigten

§ 87 (1) Die Behörde ist verpflichtet, den Beschuldigten eingehend zu vernehmen. Zu Beginn der Vernehmung ist der Beschuldigte zu fragen:

a) nach seinem Namen, nach Zeit und Ort seiner Geburt, nach dem Namen seiner Mutter, seinem Wohnort und der Nummer seines Personalausweises;

b) ferner nach seiner Staatsangehörigkeit, seiner Beschäftigung und seinem Arbeitsplatz, seiner Ausbildung, seinen Familien-, Erwerbs- und Vermögensverhältnissen, seinem militärischen Dienstgrad und seinen Auszeichnungen, seinen Funktionen bei einem staatlichen Organ, einer gesellschaftlichen oder genossenschaftlichen Organisation sowie in einem Berufsverband und - wenn er vorbestraft ist - nach den die Vorstrafen betreffenden Daten.

(2) Dem Beschuldigten ist Gelegenheit zu geben, seine Aussage zusammenhängend darzulegen. Sodann können Fragen an ihn gerichtet werden. Widersprechen sich die Aussagen des Beschuldigten, so ist der Grund dafür zu klären.

(3) Der Beschuldigte ist berechtigt, die Aussage zu verweigern. Verweigert der Beschuldigte die Aussage, so ist er darauf aufmerksam zu machen, daß sein Verhalten der Fortsetzung des Verfahrens nicht im Wege steht, daß er sich damit jedoch der Verteidigungsmöglichkeit begibt.

(4) Auch im Fall eines Geständnisses müssen die übrigen Beweise erhoben werden.

(5) Belastet der Beschuldigte im Rahmen seiner Aussage einen anderen mit der Begehung der Straftat, so ist er auf die Folgen hinzuweisen.

§ 88 (1) Die Beschuldigten sind einzeln zu vernehmen, wobei dafür zu sorgen ist, daß sie ohne Erlaubnis der Behörde nicht untereinander in Verbindung treten. Auf die Aussage des Beschuldigten ist § 64 Abs. 3 entsprechend anzuwenden.

(2) Widersprechen sich die Aussagen des Beschuldigten bzw. widerspricht die Aussage des Beschuldigten der des Zeugen, so ist der Widerspruch notfalls durch Gegenüberstellung (§ 64 Abs. 2) zu klären.

V. Kapitel

Allgemeine Verfahrensvorschriften

I. Titel

Das Verfahren bei Verbrechen und bei Vergehen

§ 89 (1) Das Strafverfahren ist entweder nach den Vorschriften des Verbrechens- oder des Vergehensverfahrens durchzuführen.

(2) Strafsachen, bei denen nach § 90 nicht die Vorschriften des Vergehensverfahrens anzuwenden sind, gehören zum Verbrechensverfahren.

(3) Werden dem Verbrechens- und dem Vergehensverfahren zuzuordnende Sachen in demselben Verfahren behandelt, so sind die Vorschriften des Verbrechensverfahrens anzuwenden.

§ 90 (1) Die Vorschriften des Vergehensverfahrens sind in dem wegen eines Vergehens (§ 11 Abs. 2 StGB) eingeleiteten Verfahren anzuwenden, sofern nicht das Gesetz auf die Straftat fünf Jahre Freiheitsentzug oder eine höhere Strafe androht.

(2) Das Vergehensverfahren ist nicht zulässig, wenn

a) der Beschuldigte einen pathologischen Geisteszustand aufweist;

b) gegen den Beschuldigten die Sicherungsverwahrung beantragt wurde oder das Gericht feststellt, daß Sicherungsverwahrung anzuordnen ist;

c) das Verfahren gegen einen sich gesetzwidrig im Ausland aufhaltenden Beschuldigten durchgeführt wird.

(3) Soweit dem keine Vorschrift entgegensteht, können in dem Vergehensverfahren, sofern es aufgrund der Schwierigkeit der Sachlage oder eines anderen Umstandes angezeigt erscheint, die Bestimmungen des Verbrechensverfahrens angewendet werden, und zwar hinsichtlich des ganzen Verfahrens oder nur einzelner Verfahrenshandlungen.

II. Titel

Die Zwangsmaßnahmen

Die vorläufige Festnahme

§ 91 (1) Die Behörde kann den Beschuldigten vorläufig festnehmen, wenn

a) die Personalien des auf frischer Tat betroffenen Beschuldigten nicht festzustellen sind;

b) ein Grund für die Anordnung der Untersuchungshaft (§§ 92 Abs. 1, 340 Abs. 1) vorliegt.

(2) Die Dauer der Festnahme ist auf höchstens 72 Stunden beschränkt. Wird innerhalb dieses Zeitraums nicht die Untersuchungshaft angeordnet, so ist der Beschuldigte freizulassen.

(3) Eine auf frischer Tat betroffene Person kann von jedermann festgenommen werden, jedoch ist der Festnehmende verpflichtet, sie unverzüglich dem nächsten Polizeiorgan oder Staatsanwalt zu übergeben. Ist ihm dies nicht möglich, so hat er die Pflicht, eine der genannten Behörden zu benachrichtigen.

Die Untersuchungshaft

§ 92 (1) Die Untersuchungshaft kann gegen den Beschuldigten wegen einer vom Gesetz mit Freiheitsstrafe bedrohten Straftat angeordnet werden, wenn

a) die Personalien des Beschuldigten nicht festzustellen sind;

b) der Beschuldigte flüchtig ist oder sich vor den Behörden verborgen hält bzw. wenn in Anbetracht der Schwere der Straftat oder aus einem anderen Grund zu befürchten ist, daß er fliehen oder sich verborgen halten werde;

c) er das Verbot, den Aufenthaltsort zu verlassen, verletzt hat;

d) Grund zu der Annahme besteht, daß der Beschuldigte, falls er auf freiem Fuß bliebe, das Verfahren vereiteln oder erschweren bzw. gefährden würde;

e) der Beschuldigte während des Verfahrens eine neue mit Freiheitsstrafe bedrohte Straftat begangen hat, sowie auch dann, wenn zu befürchten ist, daß er, falls er auf freiem Fuß bliebe, die von ihm versuchte oder vorbereitete Straftat zu Ende führen oder eine neue Straftat begehen würde;

f) wegen der Art der begangenen Straftat der öffentliche Frieden gestört würde, falls der Beschuldigte auf freiem Fuß bliebe.

(2) Findet ein Strafverfahren nur auf Antrag statt, so kann vor der Antragstellung die Untersuchungshaft nicht angeordnet werden.

§ 93 (1) Über die Untersuchungshaft entscheidet während der Ermittlungen der Staatsanwalt bzw. mit Zustimmung des Staatsanwalts die Ermittlungsbehörde, nach der Einreichung der Anklageschrift das Gericht.

(2) Von der Anordnung der Verhaftung ist

a) der von dem Beschuldigten benannte Angehörige unverzüglich zu benachrichtigen. Ist ein solcher nicht vorhanden, so kann die Behörde auch eine andere von dem Beschuldigten benannte Person benachrichtigen;

b) das staatliche Organ, die gesellschaftliche Organisation oder Genossenschaft, bei der der Beschuldigte angestellt bzw. Mitglied ist, unverzüglich zu benachrichtigen.

§ 94 Die die Untersuchungshaft anordnende Behörde hat nach Anhörung des Beschuldigten unverzüglich dafür zu sorgen,

a) daß dessen minderjährige unbeaufsichtigte Kinder einem Angehörigen oder einer anderen geeigneten Person oder Anstalt zur Pflege übergeben werden, und benachrichtigt hiervon die Vormundschaftsbehörde;

b) daß Vermögen und Wohnung des Verhafteten gesichert werden.

§ 95 (1) Die vom Staatsanwalt angeordnete oder bestätigte Untersuchungshaft dauert bis zur Entscheidung des erstinstanzlichen Gerichts über die Vorbereitung der Verhandlung, jedoch höchstens einen Monat. Ist die Sache besonders schwierig, so kann der leitende Bezirksstaatsanwalt die Untersuchungshaft um einen Monat, der leitende Komitatsstaatsanwalt um einen weiteren Monat verlängern. Die Untersuchungshaft kann nach Ablauf von drei Monaten nur vom Obersten Staatsanwalt aufrechterhalten werden, der die Notwendigkeit ihrer weiteren Aufrechterhaltung monatlich überprüft. Das Oberste Gericht kann die Untersuchungshaft über ein Jahr hinaus verlängern.

(2) Die vom erstinstanzlichen Gericht angeordnete oder bestätigte Untersuchungshaft dauert bis zur Verkündung der erstinstanzlichen Entscheidung in der Sache selbst. Eine später angeordnete oder bestätigte Untersuchungshaft dauert bis zur rechtskräftigen Beendigung des Verfahrens, jedoch nicht länger als die Dauer der Freiheitsstrafe, auf die das erstinstanzliche Gericht erkannt hat.

(3) Beträgt die Dauer der vom Gericht angeordneten oder bestätigten Untersuchungshaft mehr als ein Jahr, so überprüft das Oberste Gericht die Begründetheit der Untersuchungshaft.

§ 96 (1) Die Behörde hat darauf zu achten, daß die Untersuchungshaft von möglichst kurzer Dauer ist. Befindet sich der Beschuldigte in Untersuchungshaft, so ist das Verfahren mit Vorrang durchzuführen.

(2) Die Untersuchungshaft ist unverzüglich aufzuheben, wenn ein Grund nicht mehr vorliegt oder ihre Höchstdauer erreicht ist, ohne daß eine Verlängerung stattgefunden hat.

§ 97 (1) Dem Verhafteten dürfen nur solche Beschränkungen auferlegt werden, die zur Erfüllung der Aufgaben des Strafverfahrens oder zur Aufrechterhaltung der Ordnung der Strafanstalt notwendig sind. Der Verhaftete darf in der Ausübung seiner Verfahrensrechte, insbesondere in der Vorbereitung seiner Verteidigung nicht beschränkt werden.

(2) Der Verhaftete kann

a) nach seiner ersten Vernehmung mit seinem Verteidiger mündlich ohne Überwachung, schriftlich unter Überwachung,

b) mit seinen Angehörigen oder mit einer anderen Person mündlich oder schriftlich unter Überwachung verkehren.

Die vorläufige Zwangsheilbehandlung

§ 98 (1) Eine vorläufige Zwangsheilbehandlung ist dann zulässig, wenn - in Anbetracht eines Gutachtens und anderer im Strafverfahren festgestellter Umstände - die Schlußfolgerung begründet ist, daß die Zwangsheilbehandlung des Beschuldigten angeordnet werden muß.

(2) Über die Anordnung der vorläufigen Zwangsheilbehandlung entscheidet bis zur Einreichung der Anklageschrift der Staatsanwalt, im Anschluß daran das Gericht. Die vom Staatsanwalt angeordnete vorläufige Zwangsheilbehandlung dauert bis zur Entscheidung des erstinstanzlichen Gerichts über die Vorbereitung der Verhandlung, die vom erstinstanzlichen Gericht angeordnete oder bestätigte vorläufige Zwangsheilbehandlung bis zur Verkündung der erstinstanzlichen Entscheidung in der Sache selbst, die später angeordnete oder bestätigte vorläufige Zwangsheilbehandlung bis zur rechtskräftigen Beendigung des Verfahrens. Sind seit dem Beginn der vorläufigen Zwangsheilbehandlung bis zur Einreichung der Anklageschrift sechs Monate verstrichen, so überprüft der Staatsanwalt die Notwendigkeit ihrer Aufrechterhaltung.

(3) Die vorläufige Zwangsheilbehandlung kann in einer hierzu bestimmten Heilanstalt durchgeführt werden.

(4) Wurde der Beschuldigte in Untersuchungshaft genommen, so ist gleichzeitig mit der Anordnung der vorläufigen Zwangsheilbehandlung die Untersuchungshaft aufzuheben.

(5) Hinsichtlich der Rechte des vorläufig einer Zwangsheilbehandlung unterworfenen Beschuldigten sind die Vorschriften des § 97 entsprechend anzuwenden. Der vorläufig behandelte Beschuldigte kann mit seinem gesetzlichen Vertreter mündlich ohne Überwachung verkehren. Ist jedoch zu befürchten, daß diese Art des Verkehrs den Erfolg des Verfahrens vereitelt, so darf er nur unter Überwachung verkehren.

Das Verbot, den Aufenthaltsort zu verlassen

§ 99 (1) Die Behörde kann dem Beschuldigten untersagen, seinen Aufenthaltsort ohne Erlaubnis zu verlassen. Hierüber entscheidet bis zur

Einreichung der Anklageschrift der Staatsanwalt oder mit Zustimmung des Staatsanwalts die Ermittlungsbehörde, nach der Einreichung der Anklageschrift das Gericht.

(2) Der Beschuldigte ist darauf hinzuweisen, daß er bei einer Verletzung des Verbots, den Aufenthaltsort zu verlassen, in Untersuchungshaft genommen werden kann.

(3) Sind seit der Anordnung des Verbots, den Aufenthaltsort zu verlassen, bis zur Einreichung der Anklageschrift sechs Monate vergangen, so überprüft der Staatsanwalt die Notwendigkeit der Aufrechterhaltung des Verbots.

(4) Das Verbot ist aufzuheben, wenn ein Grund für seine Anordnung nicht mehr besteht oder das Verfahren rechtskräftig beendet wurde.

Die Vorführung

§ 100 (1) Eine Person, deren Vorführung angeordnet wurde, ist - sofern es notwendig ist, auch unter Anwendung von Zwang - der Behörde vorzuführen.

(2) Die mit der Vorführung betraute Amtsperson kann die Vorführung unterlassen, wenn sie feststellt, daß die Person, deren Vorführung angeordnet wurde, unterwegs ist und Grund für die Annahme besteht, daß sie vor der Behörde erscheinen wird. Die Behörde kann in der die Vorführung anordnenden Entscheidung auch verfügen, daß die Vorführung nicht unterlassen werden darf.

(3) Soll ein Angehöriger der Streitkräfte, einer bewaffneten Gliederung oder eines polizeilichen Organs vorgeführt werden, so hat sich die anordnende Behörde an den zuständigen Vorgesetzten zu wenden.

Die Beschlagnahme

§ 101 (1) Die Behörde kann einen Gegenstand beschlagnahmen,

a) der Beweisgegenstand ist,

b) der nach dem Gesetz beschlagnahmt werden kann oder

c) dessen Besitz gegen Rechtsvorschriften verstößt.

(2) Der beschlagnahmte Gegenstand wird von der Behörde in

amtliche Verwahrung genommen. Ist der Gegenstand hierzu nicht geeignet oder liegt ein anderer wichtiger Grund vor, so ist für die Verwahrung in anderer Weise zu sorgen.

(3) Briefe und andere postalische Sendungen können - so lange sie dem Adressaten nicht zugestellt worden sind - nur aufgrund einer Entscheidung des Staatsanwalts oder des Gerichts beschlagnahmt werden. Bis zu deren Entscheidung kann nur die Zurückhaltung angeordnet werden.

§ 102 (1) Die Beschlagnahme ist aufzuheben, sobald sie im Interesse des Verfahrens nicht mehr notwendig ist. Verstößt der Besitz des beschlagnahmten Gegenstandes gegen eine Rechtsvorschrift, so ist anstelle der Aufhebung der Beschlagnahme in einer in anderen Rechtsvorschriften bestimmten Weise zu verfahren.

(2) Wird die Beschlagnahme aufgehoben, so ist die Sache demjenigen zurückzugeben, bei dem sie beschlagnahmt worden ist. Dem Beschuldigten bzw. demjenigen, der sie vom Beschuldigten übernommen hat, kann sie jedoch nur dann herausgegeben werden, wenn kein anderer einen begründeten Herausgabeanspruch geltend macht oder nach dem Ergebnis des Verfahrens ein solcher Anspruch nicht gegeben zu sein scheint. Ist ein solcher Anspruch gegeben, so ist die Sache demjenigen herauszugeben, der sein Eigentum zweifelsfrei nachweist.

(3) Gehört die beim Beschuldigten beschlagnahmte Sache zweifelsfrei einem anderen, dessen Person jedoch nicht festzustellen ist, so fällt das Eigentum an der Sache an den Staat. Der sich später meldende Anspruchsberechtigte kann innerhalb der Verjährungsfrist verlangen, daß ihm die Sache herausgegeben wird, bzw. daß der aus der Verwertung der Sache erlangte Gegenwert an ihn ausbezahlt wird.

(4) Ist die beschlagnahmte Sache wertlos und wird sie von niemandem beansprucht, so ist sie nach der Aufhebung der Beschlagnahme zu vernichten.

(5) Ist die Sache dem Beschuldigten zurückzugeben, so kann sie zur Sicherung der gegen ihn erkannten Geldstrafe, der Vermögenseinziehung, der Erstattung des Vermögensvorteils oder des der Einziehung entsprechenden Wertes, der Bezahlung der Kosten des Strafverfahrens oder der Erfüllung des durch das Urteil zugesprochenen zivilrechtlichen

Anspruchs zurückbehalten werden. Die der Sicherung eines zivilrechtlichen Anspruchs dienende Zurückhaltung ist aufzuheben, wenn die Privatpartei binnen 30 Tagen, nachdem das Urteil über den zivilrechtlichen Anspruch ergangen ist, keine Vollstreckung verlangt hat.

Die Haussuchung

§ 103 (1) Die Durchsuchung eines Hauses, einer Wohnung, einer anderen Räumlichkeit oder eines dazu gehörenden befriedeten Besitztums findet auf behördliche Anordnung dann statt, wenn Grund zu der Annahme besteht, daß diese zur Ergreifung des Straftäters, zur Entdeckung von Spuren oder zur Auffindung eines Beweisgegenstandes führt.

(2) Die Durchsuchung ist in der Regel in Gegenwart des Betroffenen durchzuführen; vor Beginn ist ihm die die Durchsuchung betreffende Anordnung mitzuteilen. Er ist zur freiwilligen Herausgabe des gesuchten Gegenstandes aufzufordern. Ist der Betroffene abwesend und hat er keinen Vertreter, so bestellt die Behörde zum Schutze seiner Interessen einen Vertreter.

(3) Für die Durchsuchung ist eine Anordnung der Behörde nicht erforderlich, wenn

a) Gefahr im Verzug ist;

b) der auf frischer Tat betroffene Beschuldigte flüchtig ist;

c) ein Beschuldigter zu ergreifen ist, gegen den Untersuchungshaft angeordnet wurde oder

d) die Durchsuchung zur Verhinderung einer Straftat notwendig ist.

Die Durchsuchung der Person

§ 104 (1) Bei demjenigen, bei dem Grund zu der Annahme besteht, daß er einen Beweisgegenstand bei sich hat, kann auf Anordnung der Behörde eine Durchsuchung der Person vorgenommen werden.

(2) Vor der Durchsuchung ist die betroffene Person zur freiwilligen Herausgabe des gesuchten Gegenstandes aufzufordern.

(3) Die Vornahme der Durchsuchung kann nur durch eine Person gleichen Geschlechts erfolgen; nur eine solche Person kann auch sonst zugegen sein.

Das Verfahren bei der Beschlagnahme, der Haussuchung und der Durchsuchung der Person

§ 105 (1) Beschlagnahme, Haussuchung und Durchsuchung einer Person haben unter Schonung der betroffenen Personen und nach Möglichkeit bei Tag zu erfolgen. Dabei ist darauf zu achten, daß durch die Maßnahmen nicht Tatsachen des Privatlebens aufgedeckt werden, die mit der Sache in keinem Zusammenhang stehen; jede unnötige Schadenszufügung ist zu vermeiden.

(2) Im Protokoll ist anzugeben, wo und unter welchen Umständen der Beweisgegenstand gefunden wurde.

(3) Personen, die sich der Beschlagnahme, der Haussuchung oder der Durchsuchung der Person widersetzen, können zu deren Duldung gezwungen und - mit Ausnahme des Beschuldigten - mit einer Ordnungsstrafe belegt werden.

Die Beschlagnahme zur Sicherung der Urteilsvollstreckung

§ 106 (1) Erlaubt das Gesetz im Zusammenhang mit einem schwebenden Verfahren die Vermögenseinziehung bzw. besteht eine Verpflichtung zum Ausgleich eines Vermögensvorteils oder zur Bezahlung des der Einziehung entsprechenden Wertes oder wird gegen den Beschuldigten ein zivilrechtlicher Anspruch geltend gemacht und besteht Grund zu der Befürchtung, daß die Befriedigung vereitelt wird, so kann die Behörde zur Sicherstellung das ganze Vermögen des Beschuldigten oder einzelne Vermögensgegenstände beschlagnahmen.

(2) Die Beschlagnahme zur Sicherung des von einer Privatpartei erhobenen zivilrechtlichen Anspruchs erfolgt nur auf Antrag der Privatpartei.

§ 107 (1) Die Beschlagnahme ist aufzuheben, wenn

a) der Grund für ihre Anordnung weggefallen ist;

b) das Verfahren ohne Anordnung der Vermögenseinziehung, der Verpflichtung zum Ausgleich des Vermögensvorteils oder zur Zahlung des der Einziehung entsprechenden Wertes rechtskräftig beendet wurde bzw. der zivilrechtliche Anspruch zurückgewiesen worden ist;

c) dem zivilrechtlichen Anspruch zwar im Urteil stattgegeben wurde, die Privatpartei jedoch binnen 30 Tagen, nachdem das Urteil über den zivilrechtlichen Anspruch ergangen ist, nicht die Vollstreckung beantragt hat;

d) das Gericht die Geltendmachung des zivilrechtlichen Anspruchs auf einen anderen Rechtsweg verwiesen hat und der Staatsanwalt bzw. die Privatpartei nicht binnen 60 Tagen die Geltendmachung des Anspruchs nachweist.

Die Ordnungsstrafe

§ 108 (1) Die Behörde kann in den gesetzlich bestimmten Fällen im Interesse der Aufrechterhaltung der Ordnung sowie zur Sicherung der Einhaltung der gesetzlich bestimmten Pflichten eine Ordnungsstrafe von hundert bis fünftausend Forint verhängen. Das gegen die Ordnungsstrafe eingelegte Rechtsmittel hat aufschiebende Wirkung.

(2) Eine Ordnungsstrafe kann nicht gegen einen Angehörigen der Streitkräfte, einer bewaffneten Gliederung oder eines polizeilichen Organs verhängt werden. Statt dessen ist der zuständige Vorgesetzte um Durchführung eines Disziplinarverfahrens zu ersuchen.

III. Titel

Sonstige allgemeine Verfahrensvorschriften

Die Fristen

§ 109 (1) Fristen sind nach Stunden, Tagen, Monaten oder Jahren festzusetzen.

(2) Bei der nach Tagen festgesetzten Frist wird der Tag, auf den der für den Beginn der Frist maßgebliche Umstand fällt (Anfangstag), nicht mitgerechnet. Die nach Monaten oder Jahren festgesetzte Frist läuft an dem Tag ab, der der Zahl nach dem Anfangstag entspricht, wenn aber dieser Tag im Monat fehlt, am letzten Tag des Monats.

(3) Fällt der letzte Tag der Frist auf einen arbeitsfreien Tag, so läuft die Frist am darauffolgenden Arbeitstag ab.

(4) Die Frist zur Einlegung einer an eine Behörde gerichteten

Eingabe und zur Vornahme einer Handlung vor einer Behörde läuft mit dem Ende der Amtsstunden ab. Es ist nicht als Versäumnis der Frist anzusehen, wenn die Eingabe am letzten Tag zur Post gegeben wurde.

Die Wiedereinsetzung in den vorigen Stand

§ 110 (1) Hat der Staatsanwalt, der Beschuldigte, der Verteidiger, der Privatkläger, die Privatpartei, der Zeuge oder der Sachverständige einen Termin oder eine Frist bzw. die Frist zur Einlegung eines Rechtsmittels ohne Verschulden versäumt, so ist - falls dem keine Vorschrift entgegensteht[4] - die Wiedereinsetzung in den vorigen Stand statthaft.

(2) Das Wiedereinsetzungsgesuch kann binnen acht Tagen, gerechnet vom letzten Tag der versäumten Frist bzw. vom versäumten Termin an, gestellt werden. Hat die Partei erst später von dem Versäumnis Kenntnis erlangt oder ist das Hindernis erst später weggefallen, so beginnt die Frist für das Wiedereinsetzungsgesuch mit der Kenntnisnahme bzw. mit dem Wegfall des Hindernisses. Nach Ablauf von sechs Monaten kann ein Wiedereinsetzungsgesuch nicht mehr gestellt werden.

(3 Im Wiedereinsetzungsgesuch sind der Grund für das Versäumnis sowie die das Fehlen von Verschulden an dem Versäumnis glaubhaft machenden Umstände zu bezeichnen.

(4) Bei Versäumung einer Frist ist mit der Einreichung eines Wiedereinsetzungsgesuchs zugleich die versäumte Handlung nachzuholen.

(5) Das Wiedereinsetzungsgesuch hat weder hinsichtlich der Fortsetzung des Verfahrens noch hinsichtlich der Vollstreckung der Entscheidung aufschiebende Wirkung. Erscheint aber der Erfolg des Wiedereinsetzungsgesuchs wahrscheinlich, so kann die Aussetzung des Verfahrens oder der Vollstreckung der Entscheidung von Amts wegen angeordnet werden.

§ 111 (1) Über das Wiedereinsetzungsgesuch entscheidet die Behörde, bei der das Verfahren anhängig ist, in dessen Verlauf das Versäumnis vorgekommen war, im Fall der Versäumung einer Rechtsmittelfrist die Behörde, die über das Rechtsmittel zu befinden hat.

---

4 Vgl. §§ 142 Abs.1, 243 Abs.1 und 255 Abs.5.

(2) Über das Wiedereinsetzungsgesuch ist nach Billigkeitsgrundsätzen zu entscheiden.

(3) Das Wiedereinsetzungsgesuch ist ohne Eingehen auf die Sache abzulehnen, wenn

a) die Wiedereinsetzung in den vorigen Stand gesetzlich ausgeschlossen ist;

b) das Gesuch verspätet gestellt worden ist;

c) der Gesuchsteller die versäumte Handlung nicht gleichzeitig mit der Einreichung des Gesuchs nachgeholt hat, obwohl dies möglich gewesen wäre.

(4) Wird dem Wiedereinsetzungsgesuch stattgegeben, so ist die Ersatzhandlung als innerhalb der versäumten Frist vorgenommen anzusehen; die im versäumten Termin durchgeführte Verhandlung ist im notwendigen Umfang zu wiederholen. Je nach dem Ergebnis der Wiederholung ist zu entscheiden, ob die auf der Grundlage der versäumten Handlung ergangene Entscheidung aufrechtzuerhalten oder vollständig oder teilweise aufzuheben ist.

(5) Gegen die dem Wiedereinsetzungsgesuch stattgebende Entscheidung gibt es kein Rechtsmittel.

Ladung und Benachrichtigung

§ 112 (1) Die Behörde lädt - falls dieses Gesetz keine Ausnahme vorsieht - denjenigen, dessen Erscheinen bei der Verfahrenshandlung vorgeschrieben ist, und benachrichtigt denjenigen, dessen Erscheinen zwar nicht vorgeschrieben, aber nach dem Gesetz zulässig ist.

(2) Ladung und Benachrichtigung erfolgen in der Regel schriftlich oder im Fall des Erscheinens vor der Behörde mündlich. In der schriftlichen Ladung bzw. Benachrichtigung ist der Geladene darüber zu unterrichten, in welcher Eigenschaft, wo und wann er zu erscheinen hat bzw. ist dem Benachrichtigten mitzuteilen, in welcher Eigenschaft er erscheinen kann. Die Ladung bzw. Benachrichtigung hat auch einen Hinweis auf die Folgen des Ausbleibens sowie nach Einreichung der Anklageschrift die Bezeichnung der Straftat zu enthalten.

(3) Die Ladung oder Benachrichtigung kann notfalls auch kurzerhand (z.B. telefonisch) erfolgen.

(4) Die schriftliche Ladung oder Benachrichtigung ist dem Beschuldigten in einem verschlossenen Schreiben zuzustellen.

(5) Angehörige der Streitkräfte, einer bewaffneten Gliederung oder eines polizeilichen Organs sind in der Regel durch Vermittlung des Vorgesetzten zu laden bzw. zu benachrichtigen. Hat der Geladene bzw. der Benachrichtigte am Sitz der Behörde keinen Vorgesetzten und ist Gefahr im Verzug, so kann die Ladung bzw. die Benachrichtigung auch unmittelbar unter gleichzeitiger Verständigung des Vorgesetzten erfolgen.

(6) Bei Ladung eines Minderjährigen ist der Erziehungsberechtigte mit der Aufforderung zu benachrichtigen, für das Erscheinen des Minderjährigen zu sorgen. Von der Ladung oder Benachrichtigung eines Minderjährigen ist auch dessen gesetzlicher Vertreter in Kenntnis zu setzen.

Die Rechtsfolgen des Nichterscheinens auf Ladung

§ 113 (1) Erscheint der Beschuldigte, der Verteidiger, der Zeuge oder der Sachverständige trotz einer den Vorschriften des § 112 Abs. 1 entsprechenden Ladung nicht, und entschuldigt er sein Ausbleiben nicht im voraus mit einem triftigen Grund oder entfernt er sich ohne Erlaubnis, bzw. erscheint der Beschuldigte oder der Zeuge in einem selbst verschuldeten, nicht vernehmungsfähigen Zustand, so kann die Behörde

a) die Vorführung des Beschuldigten anordnen;

b) die Vorführung des Zeugen anordnen oder ihn mit einer Ordnungsstrafe belegen;

c) den Verteidiger und den Sachverständigen mit einer Ordnungsstrafe belegen.

(2) In dem in Absatz 1 bezeichneten Fall sind der Zeuge und der Sachverständige zum Ersatz der durch das Ausbleiben bzw. das Sichentfernen verursachten Kosten zu verpflichten.

(3) Erscheint der nach § 112 Abs. 2 geladene Minderjährige nicht, und weist der Erziehungsberechtigte nicht nach, daß er das Ausbleiben des Minderjährigen nicht verschuldet hat, so kann das Gericht ihn mit einer Ordnungsstrafe belegen und zum Ersatz der durch das Ausbleiben des Minderjährigen verursachten Kosten verpflichten.

Die Zustellung

§ 114 (1) Die Zustellung erfolgt nach den besonderen Vorschriften über die Zustellung von amtlichen Schriftstücken; der Empfänger kann das Schriftstück auch bei der Behörde entgegennehmen.

(2) Hat der Verletzte oder ein anderer Beteiligter einen Vertreter, so sind die an ihn gerichteten Schriftstücke - mit Ausnahme von Ladungen - diesem zuzustellen.

(3) Findet die Zustellung im Wege der öffentlichen Bekanntmachung statt, so ist das Schriftstück 15 Tage lang an der Bekanntmachungstafel der Behörde sowie am letzten Wohnort des Empfängers an der Bekanntmachungstafel des Ortsrates anzuschlagen. Das Schriftstück ist 15 Tage, nachdem es bei der die Bekanntmachung erlassenden Behörde angeschlagen worden ist, als zugestellt zu betrachten.

Das Protokoll

§ 115 (1) Über die Verfahrenshandlungen nimmt der Protokollführer oder eine Amtsperson ein Protokoll auf, sofern dieses Gesetz nichts anderes bestimmt.

(2) Im Protokoll sind festzuhalten:

a) der Name der Behörde;

b) die Straftat, die das Verfahren betrifft, und der Name des Beschuldigten;

c) Ort und Zeit der Verfahrenshandlung;

d) die Namen der anwesenden Amtspersonen, die Namen der sonst am Verfahren Beteiligten und ihrer Vertreter, ferner die Namen der Zeugen, Sachverständigen und behördlichen Zeugen.

(3) Im Protokoll ist die Abfolge der Verfahrenshandlungen kurz zu beschreiben, und zwar so, daß aus dem Protokoll die Beachtung der gesetzlich vorgeschriebenen Förmlichkeiten ersichtlich ist. Aussagen des Beschuldigten und der Zeugen sowie Gutachten sind erschöpfend, in begründeten Fällen Wort für Wort zu Protokoll zu nehmen. Es können auch die während des Verfahrens ergangenen Entscheidungen - mit Ausnahme des Urteils - zu Protokoll genommen werden. Das Protokoll wird von der Amtsperson und im Gerichtsverfahren vom Protokollführer unterzeichnet.

(4) Verlangt der anwesende Staatsanwalt, der Beschuldigte, der Verteidiger, der Verletzte oder ein anderer Beteiligter, daß ein im Zusammenhang mit dem Verfahren stehender Umstand oder eine Erklärung zu Protokoll genommen werden soll, so kann hiervon nur dann abgesehen werden, wenn die Behörde von einem solchen Umstand oder einer solchen Erklärung keine Kenntnis hat.

(5) Das Protokoll wird, falls erforderlich, von der Behörde ergänzt oder berichtigt. Hiervon sind die Beteiligten zu benachrichtigen.

(6) Die Behörde kann die stenographische Aufzeichnung der Verfahrenshandlungen, die Aufnahme auf Tonband oder die Aufzeichnung mittels einer anderen technischen Einrichtung anordnen. Eine solche Anordnung ist auf Antrag des Beschuldigten, des Verteidigers oder des Verletzten nur dann zulässig, wenn die damit verbundenen Kosten im voraus beglichen werden. Diese Aufzeichnungen ersetzen - mit Ausnahme des in Absatz 7 bezeichneten Falles - das Protokoll nicht. Die stenographische Aufzeichnung, die Tonband- oder anderen Aufnahmen sind nach Maßgabe besonderer Rechtsvorschriften aufzubewahren und verwendbar. Der Stenograph wird aus der Reihe der amtlich geprüften Stenographen bestellt. Auf die Stenographen sind die Vorschriften über die Sachverständigen anzuwenden.

(7) In den in besonderen Rechtsvorschriften bezeichneten Fällen können die Verfahrenshandlungen statt in einem Protokoll auf eine andere Weise aufgezeichnet werden. Die Vorschriften dieses Gesetzes über die Protokolle sind auch auf die in besonderen Rechtsvorschriften bezeichneten Gegenstände anzuwenden, die Angaben aufzeichnen. Sie sind als Urkunden zu betrachten.

Die Entscheidung

§ 116 (1) Die Entscheidung besteht aus der Einleitung, dem verfügenden Teil, der Begründung und dem Datum. Zu Protokoll genommene Entscheidungen haben keine Einleitung und kein Datum. Die Begründung der Entscheidung ist in den gesetzlich bestimmten Fällen wegzulassen bzw. kann weggelassen werden.

(2) Die Entscheidung in der Sache selbst und die Entscheidungen über eine vorläufige Festnahme, die Anordnung der Untersuchungshaft, eine vorläufige Zwangsheilbehandlung, das Verbot, den Aufenthaltsort zu

verlassen, enthalten - falls sie nicht zu Protokoll genommen werden - auch die in § 87 Abs. 1 Buchstabe a bezeichneten Angaben zur Person des Beschuldigten.

(3) Die Entscheidung ist den Betroffenen bekanntzugeben. Die dem Beschuldigten bekanntgegebene Entscheidung ist auch dem Verteidiger bekanntzugeben. Die Entscheidung ist den anwesenden Beteiligten durch Verkündung, sonst durch Zustellung bekanntzumachen. Wird die Entscheidung verkündet, so ist, falls erforderlich, den Beteiligten ihr Inhalt zu erklären.

(4) Im Falle einer Namensverwechslung, eines Zahlen- oder Rechenfehlers oder eines anderen ähnlichen Versehens kann die Behörde die Berichtigung der Entscheidung entweder auf Antrag oder von Amts wegen anordnen. Die Berichtigung ist in der Entscheidung und deren Ausfertigung zu vermerken.

Maßnahmen zur Kriminalitätsvorbeugung

§ 117 (1) Die Behörden sind - um weiteren Straftaten vorzubeugen - verpflichtet, das zum Eingreifen zuständige Organ über die Gründe und Umstände, die die Begehung einer Straftat ermöglicht hatten und die im Verlauf des Verfahrens aufgeklärt wurden, nach Maßgabe der besonderen Rechtsvorschriften zu unterrichten.

(2) Das benachrichtigte Organ ist verpflichtet, innerhalb von 30 Tagen der Behörde die von ihm ergriffenen Maßnahmen mitzuteilen. Unterläßt das Organ diese Mitteilung, so wendet sich die Behörde an das vorgesetzte Organ des benachrichtigten Organs.

(3) Fehlen die Voraussetzungen für die Anordnung einer Zwangsheilbehandlung oder Zwangsbehandlung eines Alkoholikers, ist aber die Heilung und Pflege des Beschuldigten nach dem Ermessen der Behörde trotzdem geboten, so benachrichtigt diese die zuständige psychiatrische Anstalt bzw. die Gesundheitsbehörde.

Das Ersuchen

§ 118 Staatsorgane, gesellschaftliche Organisationen, Genossenschaften und Vereine sind verpflichtet, den Ersuchen der in Strafsachen tätigen Behörden unverzüglich, jedoch spätestens innerhalb von 15 Tagen, Folge zu leisten.

Maßnahmen gegen einen sich an einem unbekannten Ort aufhaltenden Beschuldigten

§ 119 (1) Das Verfahren ist nicht deshalb undurchführbar, weil der Beschuldigte sich an einem unbekannten Ort aufhält. In diesem Fall sind Maßnahmen zur Ermittlung des Aufenthaltsorts des Beschuldigten zu ergreifen. In diesem Verfahren kann die Feststellung seines Wohn- oder Aufenthaltsorts angeordnet und - im Falle einer mit Freiheitsentzug bedrohten Straftat - ein Haftbefehl gegen den Beschuldigten erlassen werden.

(2) Zur Anordnung der in Absatz 1 bezeichneten Maßnahmen ist die Behörde, im Gerichtsverfahren der Senatsvorsitzende befugt.

(3) Erlangt eine Behörde oder eine Amtsperson Kenntnis vom Aufenthaltsort eines Beschuldigten, gegen den eine in Absatz 1 bezeichnete Maßnahme angeordnet wurde, so ist sie verpflichtet, die Behörde, die die Maßnahme angeordnet hat, zu verständigen.

(4) Der Beschuldigte, gegen den ein Haftbefehl erlassen wurde, ist im Fall seiner Auffindung festzunehmen und innerhalb von 72 Stunden der Behörde vorzuführen, die den Haftbefehl erlassen hat oder die im Haftbefehl bezeichnet ist.

(5) Die in Absatz 1 bezeichneten Maßnahmen sind aufzuheben, sobald der Grund für ihre Anordnung wegfällt. Die Aufhebung ordnet die Behörde an, die die Maßnahmen angeordnet hat.

Die Kosten des Strafverfahrens

§ 120 (1) Die Kosten des Strafverfahrens sind:

a) alle Kosten, die in der Sache von der Einleitung bis zur Beendigung des Strafverfahrens sowie im Laufe des Wiederaufnahmeverfahrens, der Gesetzlichkeitsverwahrung und der speziellen Verfahrensarten vom Staat vorgeschossen worden sind;

b) die in der Sache dem Beschuldigten und dem Privatkläger erwachsenen Auslagen;

c) die Auslagen und die Gebühren des Vertreters des Verletzten und des Verteidigers.

(2) Das Rechtsmittel gegen die zur Erstattung der Kosten des Straf-

verfahrens verpflichtende Entscheidung (§§ 81 Abs. 1, 113 Abs. 2 und 3, 177 Abs. 2, 192 Abs. 5) hat aufschiebende Wirkung.

ZWEITER TEIL

VI. Kapitel

Die Ermittlungen

I. Titel

Die Ermittlungen im Verbrechensverfahren

Die Einleitung des Strafverfahrens

§ 121 (1) Das Strafverfahren kann aufgrund einer Anzeige, einer Mitteilung oder einer Wahrnehmung der Ermittlungsbehörde eingeleitet werden.

(2) Mit der Einleitung des Strafverfahrens sind zugleich Maßnahmen zur Verhinderung der Begehung oder der Fortsetzung der Straftat zu ergreifen.

Die Anzeige

§ 122 (1) Jedermann hat das Recht, eine Straftat anzuzeigen; eine Anzeigepflicht besteht in den Fällen, in denen die Unterlassung der Anzeige eine Straftat ist.

(2) Jede Behörde und jede Amtsperson ist verpflichtet, Straftaten, von denen sie in amtlicher Eigenschaft Kenntnis erlangt, unter Bezeichnung der Person des Täters, falls dieser bekannt ist, anzuzeigen. Der Anzeigende ist ferner verpflichtet, der Anzeige die Beweismittel beizufügen oder, sofern dies nicht möglich ist, für deren Aufbewahrung zu sorgen.

(3) Liegt aufgrund einer besonderen Rechtsvorschrift die Erstattung einer Anzeige im Ermessen einer Behörde, so ist diese nicht zur Anzeigeerstattung nach Absatz 2 verpflichtet. Dieser Behörde sind die die Straftat betreffenden Tatsachen mitzuteilen. Gedenkt die zur Anzeigeerstattung befugte Behörde ihr Recht nicht wahrzunehmen, so kann der

Oberste Staatsanwalt die Ermittlungen anordnen mit Ausnahme des Falles, daß das Parlament, der Präsidial- oder der Ministerrat der Volksrepublik zur Erstattung der Anzeige befugt ist.

§ 123 (1) Bei Antragsdelikten kann das Strafverfahren nur auf Antrag des Antragsberechtigten eingeleitet werden. Jede Äußerung des Antragsberechtigten, in der er verlangt, daß der Täter zur Strafverantwortung gezogen wird, ist als Antrag zu betrachten.

(2) Ergibt sich nach der Einleitung des Verfahrens, daß die Handlung nur auf Antrag verfolgt werden kann, so ist die Erklärung des Antragsberechtigten einzuholen.

(3) Der Antrag ist innerhalb von 30 Tagen, von dem Tag an gerechnet, an dem der Antragsberechtigte von der Person des Täters Kenntnis erlangt hat, zu stellen. In dem in Absatz 2 bezeichneten Fall beginnt diese Frist mit dem Tag, an dem der Antragsberechtigte von der Aufforderung der Behörde Kenntnis erlangt hat. Der Angehörige des verstorbenen Verletzten kann während der noch laufenden Antragsfrist den Antrag stellen.

(4) Wegen Versäumung der Frist zur Stellung des Antrags ist eine Wiedereinsetzung in den vorigen Stand nicht möglich.

§ 124 Ist die Einleitung eines Strafverfahrens nach dem Strafgesetz von der Anzeige einer bestimmten Behörde abhängig, oder ist sie nur auf Ersuchen statthaft, so können auch bei Fehlen eines Antrags oder eines Ersuchens Ermittlungen angeordnet werden. Sie können sich jedoch nur auf die unaufschiebbaren Handlungen (§ 130 Abs. 2) erstrecken.

Die Form der Anzeige

§ 125 (1) Die Anzeige ist bei der Ermittlungsbehörde schriftlich oder mündlich zu erstatten. Auch eine andere Behörde kann die Anzeige entgegennehmen; sie ist jedoch verpflichtet, die Anzeige an die hierfür zuständige Behörde weiterzuleiten. Von der mündlich erstatteten Anzeige ist ein Protokoll aufzunehmen.

(2) Ist die Anzeige nicht bei der sachlich und örtlich zuständigen Ermittlungsbehörde erstattet worden, so ist die Anzeige an die für das Verfahren zuständige Behörde weiterzuleiten. Die Ermittlungsbehörde ist

zur Vornahme der unaufschiebbaren Ermittlungshandlungen auch dann verpflichtet, wenn sie hierzu sachlich und örtlich nicht zuständig ist.

Die Maßnahmen aufgrund der Anzeige

§ 126 (1) Über die Anordnung oder Ablehnung von Ermittlungen ist innerhalb von drei Tagen, vom Eingang der Anzeige an gerechnet, zu entscheiden. Kann die Ermittlungsbehörde aufgrund der Anzeige nicht ausreichend Stellung nehmen, so ist innerhalb von 15 Tagen für die Ergänzung der Anzeige zu sorgen. Der Leiter der Ermittlungsbehörde kann in begründeten Fällen diese Frist um weitere 15 Tage verlängern.

(2) Die Ermittlungsbehörde kann im Laufe der Ergänzung der Ermittlungen

a) von jedermann - mit Ausnahme des Angezeigten - die Überlassung von Urkunden sowie Angaben und Aufschluß verlangen. Sie kann weiter vom Leiter oder aufsichtsführenden Organ des die Anzeige erstattenden oder des verletzten Staatsorgans, von der gesellschaftlichen Organisation oder der Genossenschaft die Durchführung einer Untersuchung und eines Schadensfeststellungsverfahrens verlangen;

b) den Anzeigenden bzw. den Verletzten anhören, den Tatort besichtigen und die Angaben eines anderen behördlichen Verfahrens oder einer Datenerfassung hinsichtlich des Angezeigten verwenden;

c) einen Fachberater zuziehen, wenn die Beurteilung der Anzeige die Stellungnahme zu einer Fachfrage erforderlich macht.

Die Ablehnung von Ermittlungen

§ 127 (1) Die Einleitung von Ermittlungen ist durch Entscheidung abzulehnen, wenn sich aus der Anzeige oder aus den Angaben zur Ergänzung der Ermittlungen ergibt, daß

a) die angezeigte Handlung keine Straftat ist;

b) ein strafausschließender oder strafaufhebender Grund vorliegt;

c) die angezeigte Handlung schon früher rechtskräftig abgeurteilt wurde.

(2) Wird eine Handlung festgestellt, die die Einleitung eines Ordnungswidrigkeiten- oder eines Disziplinarverfahrens oder eines Verfahrens vor einem Gesellschaftsgericht begründet, so ist hiervon das zur Aburteilung zuständige Organ unter Zustellung der Anzeige und der die Ermittlungen ablehnenden Entscheidung zu benachrichtigen.

(3) Wird dem Beschuldigten bei der Ablehnung der Ermittlungen eine Verwarnung (§ 71 StGB) erteilt, und legt er gegen die Verwarnung Beschwerde ein, so sind die Ermittlungen einzuleiten.

(4) Die Ablehnung der Ermittlungen schließt nicht aus, daß die Behörde in derselben Sache später Ermittlungen aufnimmt.

§ 128 Ermittlungen können nicht abgelehnt werden, wenn

a) die Anordnung einer Zwangsheilbehandlung notwendig erscheint;

b) die Einziehung, der Ausgleich eines Vermögensvorteils oder die Zahlung des der Einziehung entsprechenden Wertes unabhängig von der Strafbarkeit zulässig ist.

§ 129 (1) Zur Ablehnung von Ermittlungen ist die Zustimmung des Staatsanwalts notwendig. Von der Ablehnung der Ermittlungen sind unter Zustellung der Entscheidung der Verletzte und der Anzeigende bzw. der Antragsteller zu benachrichtigen.

(2) Im Fall der Ablehnung von Ermittlungen trägt der Staat die Kosten des Verfahrens.

Die Anordnung von Ermittlungen

§ 130 (1) Ermittlungen finden - mit Ausnahme der unaufschiebbaren Ermittlungshandlungen - auf Entscheidung der Ermittlungsbehörde oder des Staatsanwalts statt. Die Entscheidung besteht aus einem verfügenden Teil und dem Datum.

(2) Vor der Anordnung von Ermittlungen ist bei Gefahr im Verzug die Vornahme unaufschiebbarer Ermittlungshandlungen zulässig, so insbesondere zur Verhinderung der Begehung oder der Fortsetzung einer Straftat, des Verbergens des Beschuldigten und der Beseitigung oder Vernichtung von Beweisen. Die Untersuchungshaft, eine vorläufige Zwangsheilbehandlung und das Verbot, den Aufenthaltsort zu verlassen, können jedoch nicht angeordnet werden.

(3) Bei unaufschiebbaren Ermittlungshandlungen ist die Anordnung nachzuholen, mit Ausnahme des Falles, daß die Ermittlungen einzustellen sind.

(4) Von der Anordnung der Ermittlungen ist der Staatsanwalt zu benachrichtigen.

Die Vornahme von Ermittlungen

§ 131 (1) Die Ermittlungen sind - vom Zeitpunkt ihrer Anordnung an gerechnet - binnen eines Monats abzuschließen und können auch hinsichtlich der im Zusammenhang mit der Straftat stehenden Ordnungswidrigkeiten durchgeführt werden. Der Leiter der örtlichen Staatsanwaltschaft kann die Dauer der Ermittlungen um einen Monat, der Komitatsoberstaatsanwalt um einen weiteren Monat verlängern, wenn dies durch die besondere Schwierigkeit der Sache oder wegen eines nicht zu beseitigenden Hindernisses begründet ist.

(2) Nur der Oberste Staatsanwalt kann die Ermittlungen über drei Monate hinaus verlängern.

(3) Ermittelt der Staatsanwalt, so kann der Leiter der Staatsanwaltschaft die Dauer der Ermittlungen um einen Monat, der übergeordnete Staatsanwalt um einen weiteren Monat verlängern.

(4) Die Ermittlungsbehörde ist befugt, jeden vom Ermittlungsort zu entfernen, dessen Gegenwart das Verfahren behindert. Sie kann denjenigen, der die Ordnung des Verfahrens stört, mit einer Ordnungsstrafe belegen und den Verdächtigen festnehmen.

(5) Im Interesse der Förderung der Ermittlungen kann die Ermittlungsbehörde jedermann dazu verpflichten, sich am Ermittlungsort einzufinden. Wer diese Pflicht verletzt, kann mit einer Ordnungsstrafe belegt werden.

Die Mitteilung des begründeten Verdachts und die Vernehmung des Verdächtigten

§ 132 (1) Besteht aufgrund der bei den Ermittlungen festgestellten Tatsachen gegen eine bestimmte Person der begründete Verdacht einer Straftat, so teilt ihr die Behörde die wesentlichen Verdachtsgründe unter Angabe der einschlägigen Rechtsvorschriften mit.

(2) Der Verdächtigte ist nach der Mitteilung des Verdachts darauf hinzuweisen, daß er einen Verteidiger wählen oder um die Bestellung eines Verteidigers ersuchen kann. Ist die Verteidigung notwendig, so ist der Verdächtigte darauf hinzuweisen, daß die Behörde einen Verteidiger bestellt, sofern er nicht selbst binnen drei Tagen einen solchen bevollmächtigt hat.

(3) Die Mitteilung der Verdächtigung, der erfolgte Hinweis auf die Verteidigung und die Erklärung des Verdächtigten sind zu Protokoll zu nehmen.

(4) Der Verdächtigte ist nach der Mitteilung des Verdachts - wenn er festgenommen wurde - binnen 24 Stunden zu vernehmen. Diese Frist beginnt mit dem Zeitpunkt, an dem der Verdächtigte der Ermittlungsbehörde vorgeführt worden ist.

Vorschriften über die Vernehmung

§ 133 (1) Bei der Vernehmung des Verdächtigten und des Zeugen bzw. bei der Anhörung des Sachverständigen können außer der vernehmenden Amtsperson und dem Protokollführer nur Personen anwesend sein, deren Gegenwart dieses Gesetz gestattet.

(2) Jede Seite des Protokolls ist von dem Verdächtigten, dem Zeugen und dem Dolmetscher zu unterschreiben. Wird die Unterschrift verweigert, so ist dieser Umstand und der Weigerungsgrund im Protokoll zu vermerken.

Die Teilnahme der Beteiligten an den Ermittlungshandlungen

§ 134 (1) Der Verteidiger kann bei der Vernehmung des Verdächtigten anwesend sein; er kann beantragen, Fragen zu stellen. Durch die Ausübung dieses Rechts darf jedoch die Vernehmung des Verdächtigten nicht verzögert werden.

(2) Die Ermittlungsbehörde kann dem Verteidiger erlauben, bei der Vernehmung des Zeugen anwesend zu sein. Die Vorschriften des Absatzes 1 sind auch in diesem Fall anzuwenden.

(3) Der Verdächtigte, der Verteidiger und der Verletzte können bei der Anhörung des Sachverständigen, bei der Einnahme eines Augenscheins, beim Ermittlungsexperiment und bei der Gegenüberstellung und der Vorlage

von Gegenständen zwecks Identitätsnachweises anwesend sein. Die Benachrichtigung der Beteiligten kann unterbleiben, wenn Gefahr im Verzug ist.

(4) Die gemäß Absatz 3 bei einer Ermittlungshandlung Anwesenden können Anträge stellen und Erklärungen abgeben.

Die behördlichen Zeugen

§ 135 (1) Beim Augenschein, beim Ermittlungsexperiment, bei der Beschlagnahme, bei der Haussuchung, bei der Durchsuchung einer Person und bei der Bekanntgabe eines Protokolls über die Vernehmung einer des Lesens und Schreibens unkundigen Person sind zwei behördliche Zeugen zuzuziehen.

(2) Der behördliche Zeuge bestätigt die Durchführung und das Ergebnis der Ermittlungshandlung, bei deren Vornahme er anwesend war. Er ist vor der Durchführung der Ermittlungshandlung über seine Rechte und Pflichten zu belehren. Er kann sich zu den Ermittlungen äußern; seine Äußerungen sind in das Protokoll aufzunehmen.

(3) Wer durch das Verfahren selbst betroffen ist oder als Amtsperson ermittelt, kann nicht behördlicher Zeuge sein. Ein anderer Angestellter der Behörde kann nur dann behördlicher Zeuge sein, wenn der Hinzuziehung einer anderen Person unüberwindliche Hindernisse entgegenstehen.

(4) Die Zuziehung von behördlichen Zeugen kann bei unüberwindlichen Hindernissen unterlassen werden.

(5) Die Vorschriften über die Entschädigung von Zeugen sind auch hinsichtlich der behördlichen Zeugen anzuwenden.

Das Unterbleiben von Ermittlungen

§ 136 (1) Nach der Vernehmung des Verdächtigten können weitere Ermittlungen wegen Straftaten und Ordnungswidrigkeiten, die im Verhältnis zu dem Gewicht einer begangenen Straftat hinsichtlich der Verantwortlichkeit des Verdächtigten belanglos sind, unterbleiben.

(2) Von dem Unterbleiben der Ermittlungen sind der Verletzte und der Anzeigende bzw. der Antragsteller zu benachrichtigen.

Die Aussetzung der Ermittlungen

§ 137 (1) Die Ermittlungen sind auszusetzen, wenn

a) der Verdächtigte sich an einem unbekannten Ort aufhält und die zu seiner Auffindung ergriffenen Maßnahmen erfolglos geblieben sind;

b) die Beurteilung der Handlung von der Entscheidung einer Vorfrage abhängt und die Entscheidung hierüber zur sachlichen Zuständigkeit eines Gerichts oder einer anderen Behörde gehört;

c) bei einer die diplomatische oder die persönliche Immunität betreffenden Frage, bei der Begründung strafrechtlicher Verantwortlichkeit eines Richters (Volksbeisitzers) oder Staatsanwalts oder bei einer von einem nicht ungarischen Staatsbürger im Ausland begangenen Straftat die zur Einleitung eines Strafverfahrens erforderliche Entscheidung einzuholen ist;

d) die Fortsetzung des Verfahrens dadurch verhindert wird, daß der Verdächtigte nach der Begehung der Straftat geisteskrank geworden ist.

(2) Die Ermittlungen können ausgesetzt werden, wenn der Verdächtigte

a) sich im Ausland befindet oder

b) die Beobachtung seines Geisteszustandes notwendig ist.

(3) Wegen Verletzung der Unterhaltspflicht (§ 196 StGB) eingeleitete Ermittlungen können höchstens einmal für sechs Monate ausgesetzt werden, wenn hiervon die Erbringung der geschuldeten Leistungen zu erwarten ist. Das Verfahren kann fortgesetzt werden, ohne daß der Ablauf der festgesetzten Frist abzuwarten ist, wenn der Verdächtigte seinen Unterhaltspflichten auch weiterhin nicht nachkommt.

(4) Nach der Aussetzung der Ermittlungen können nur solche Ermittlungshandlungen vorgenommen werden, die nicht mit der Person des Verdächtigten in Zusammenhang stehen. Die Dauer der Aussetzung wird auf die Ermittlungsfrist nicht angerechnet.

(5) Die Ermittlungen sind fortzusetzen, wenn der Grund für die Aussetzung entfällt. In dem in Absatz 1 Buchstabe b bezeichneten Fall sind die Ermittlungen auch dann fortzusetzen, wenn der betroffene

Beteiligte trotz einer entsprechenden Aufforderung der Behörde das zur Entscheidung der Vorfrage notwendige Verfahren binnen der ihm mitgeteilten Frist nicht in Gang gesetzt hat.

§ 138 (1) Für die Aussetzung der Ermittlungen ist die Zustimmung des Staatsanwalts erforderlich.

(2) Die Entscheidung ist dem Verdächtigten, dem Anzeigenden und dem Verletzten zuzustellen.

Die Einstellung der Ermittlungen

§ 139 (1) Die Ermittlungen sind durch eine Entscheidung einzustellen, wenn

a) die Handlung keine Straftat ist oder die Straftat nicht vom Verdächtigten begangen wurde;

b) nach den Ermittlungsergebnissen nicht festzustellen war, daß eine Straftat begangen wurde, wer der Täter war oder daß der Verdächtigte die Straftat begangen hat, und wenn auch von der Fortsetzung des Verfahrens kein Erfolg zu erwarten ist;

c) ein strafausschließender oder strafaufhebender Grund vorliegt;

d) die Handlung bereits rechtskräftig abgeurteilt wurde.

(2) Wird eine Handlung festgestellt, die die Einleitung eines Ordnungswidrigkeiten- oder Disziplinarverfahrens oder eines Verfahrens vor einem Gesellschaftsgericht begründet, so ist hiervon das zur Aburteilung der Handlung zuständige Organ durch Zustellung der die Einstellung der Ermittlungen betreffenden Entscheidung zu benachrichtigen.

(3) Die Ermittlungen können nicht eingestellt werden, wenn die Anordnung einer Zwangsheilbehandlung notwendig erscheint.

(4) Im Fall der Einstellung der Ermittlungen trägt der Staat die Kosten des Verfahrens.

§ 140 (1) Zur Einstellung der Ermittlungen ist die Zustimmung des Staatsanwalts erforderlich.

(2) Die Entscheidung über die Einstellung der Ermittlungen ist dem Verletzten und dem Anzeigenden bzw. dem Antragsteller zuzustellen.

§ 141 (1) Die Einstellung der Ermittlungen schließt nicht aus, daß die Behörde in derselben Sache später Ermittlungen vornimmt.

(2) Wurden die Ermittlungen aufgrund des § 139 Abs. 1 Buchstaben a, c oder d eingestellt, so kann die Fortsetzung des Verfahrens nur der übergeordnete Staatsanwalt anordnen. Der übergeordnete Staatsanwalt setzt die die Einstellung der Ermittlungen betreffende Entscheidung außer Kraft, wenn dem Beschuldigten eine Verwarnung (§ 71 StGB) erteilt wird.

Die Mitteilung von der Bereitstellung der Ermittlungsakten zur Einsichtnahme und der Abschluß der Ermittlungen

§ 142 (1) Hat die Behörde die Ermittlungen abgeschlossen, so teilt sie dem Verdächtigten und dem Verteidiger mit, daß sie in die Ermittlungsakten Einsicht nehmen können, bzw. läßt sie den in Haft befindlichen Verdächtigten zu diesem Zweck vorführen. In Zusammenhang mit der Einsichtnahme in die Akten können der Verdächtigte und der Verteidiger eine Ergänzung der Ermittlungen beantragen, weitere Anträge stellen und Erklärungen abgeben. Der Verdächtigte ist auf dieses Recht hinzuweisen. Wegen Versäumnis der Akteneinsichtnahme ist eine Wiedereinsetzung in den vorigen Stand nicht möglich.

(2) Wurden keine Anträge zur Ergänzung der Ermittlungen gestellt oder wurden diese Anträge zurückgewiesen bzw. wurden die Ermittlungen aufgrund der Anträge ergänzt, so beschließt die Ermittlungsbehörde den Abschluß der Ermittlungen und macht davon dem Verdächtigten und dem Verteidiger Mitteilung.

§ 143 (1) Das über die in § 142 bezeichneten Verfahrenshandlungen aufgenommene Protokoll hat zu enthalten:

a) die Aufzählung der dem Verdächtigten und dem Verteidiger zur Verfügung gestellten Akten sowie den Zeitpunkt des Beginns und der Beendigung der Akteneinsichtnahme;

b) die Anträge und Erklärungen des Verdächtigten und des Verteidigers;

c) die aufgrund der Anträge ergriffenen Maßnahmen der Behörde;

d) den Weigerungsgrund, wenn der Verdächtigte von seinem Recht zur Akteneinsichtnahme keinen Gebrauch gemacht hat;

e) den Umstand, daß der Abschluß der Ermittlungen dem Verdächtigten und dem Verteidiger mitgeteilt wurde.

(2) Erscheinen der Verdächtigte und der Verteidiger trotz einer entsprechenden Mitteilung nicht zur Akteneinsichtnahme, so ist über diesen Umstand anstelle der Aufnahme eines Protokolls ein Vermerk in den Akten anzubringen.

§ 144 Wird nach der Mitteilung von der Bereitstellung der Ermittlungsakten zur Einsichtnahme die Ergänzung der Ermittlungen angeordnet, so ist auch hinsichtlich der weiteren Ermittlungen nach den §§ 142 und 143 zu verfahren.

Die Übergabe der Ermittlungsakten an den Staatsanwalt

§ 145 (1) Werden die Ermittlungen nicht eingestellt, so übersendet die Ermittlungsbehörde die Akten binnen drei Tagen, von der Mitteilung über den Abschluß der Ermittlungen an gerechnet, dem Staatsanwalt zum Zweck der Anklageerhebung.

(2) Der Staatsanwalt prüft die Ermittlungsakten binnen 15 Tagen. Dem Ergebnis entsprechend

a) erhebt er Anklage oder

b) ordnet die Ergänzung der Ermittlungen an oder

c) setzt die Ermittlungen aus oder

d) stellt die Ermittlungen ein.

(3) In Ausnahmefällen kann der Leiter der Staatsanwaltschaft wegen der außerordentlichen Schwierigkeit der Sache, die in Absatz 2 bezeichnete Frist um 15 Tage verlängern.

(4) Der Staatsanwalt kann vor den in Absatz 2 bezeichneten Handlungen den Verdächtigten vernehmen und die noch erforderlichen Ermittlungshandlungen auch selbst vornehmen.

(5) Befindet sich der Verdächtigte in Untersuchungshaft, so ist er vor der Anklageerhebung zu vernehmen.

Die Anklageschrift

§ 146 (1) Die Anklageerhebung erfolgt durch die Einreichung der Anklageschrift bei Gericht.

(2) Die Anklageschrift hat zu enthalten:

a) die Personalien des Angeklagten nach § 87 Abs. 1 Buchstabe a,

b) eine kurze Darstellung der den Gegenstand der Anklage bildenden Handlung unter Bezeichnung der Beweismittel,

c) die Bezeichnung der den Gegenstand der Anklage bildenden Handlung nach dem Strafgesetz,

d) Angaben darüber, ob die gesetzlichen Voraussetzungen (Antrag, Anzeige, Ersuchen, Aufhebung der diplomatischen oder einer anderen persönlichen Immunität usw.) gegeben sind,

e) die Bezeichnung der die sachliche und örtliche Zuständigkeit des Gerichts betreffenden Rechtsvorschriften,

f) den gegebenenfalls erhobenen zivilrechtlichen Anspruch, den Antrag auf Sicherungsverwahrung und sonstige Anträge, über die das Gericht zu entscheiden hat,

g) die Aufzählung der Personen, deren Ladung zur Verhandlung und deren Benachrichtigung vorgeschlagen wird.

(3) Ist im Zeitpunkt der Einreichung der Anklageschrift der Verdächtigte aufgrund von Zwangsmaßnahmen seiner persönlichen Freiheit beraubt oder in ihr beschränkt, so ist auch die Aufrechterhaltung dieser Maßnahmen zu beantragen.

(4) Der Staatsanwalt kann in der Anklageschrift beantragen, daß das Gericht eine mit der den Gegenstand der Anklage bildenden Straftat im Zusammenhang stehende Ordnungswidrigkeit aburteilt.

(5) Die Anklageschrift ist in so vielen Stücken einzureichen, daß je eines an das Gericht sowie an jeden Angeklagten und dessen Verteidiger verteilt werden kann. Dem Gerichtsexemplar der Anklageschrift sind die Ermittlungsakten beizufügen und dem Gericht zugleich die Beweisgegenstände zu übergeben.

Das Absehen von der Anklageerhebung

§ 147 (1) Der Staatsanwalt kann von der Anklageerhebung wegen Straftaten absehen, die im Verhältnis zu dem Gewicht der den Gegenstand der Anklage bildenden Straftat hinsichtlich der Verantwortlichkeit des Beschuldigten belanglos sind. Hierauf ist in der Anklageschrift hinzuweisen und der Verletzte ist davon zu benachrichtigen.

(2) Auf die mit der Straftat in Zusammenhang stehenden Ordnungswidrigkeiten ist Absatz 1 entsprechend anzuwenden.

Die Rechtsmittel im Ermittlungsverfahren

§ 148 (1) Personen, deren Rechte oder Interessen durch eine Entscheidung, eine Maßnahme oder durch die Unterlassung einer Maßnahme verletzt werden, können dagegen Beschwerde einlegen.

(2) Gegen Verfahrenshandlungen bezüglich der Ergänzung der Anzeige, gegen die Anordnung der Ermittlungen, die Anklageerhebung, ferner gegen die Anordnung und Reihenfolge der zur Beweiserhebung gehörenden Ermittlungshandlungen kann keine Beschwerde eingelegt werden.

(3) Die gegen eine Entscheidung oder eine Maßnahme der Behörde eingelegte Beschwerde hat mit Ausnahme der im Gesetz vorgesehenen Fälle keine aufschiebende Wirkung. Die Behörde kann die Ausführung einer Entscheidung oder einer Maßnahme in Fällen, in denen dies besonders begründet ist, aussetzen, bis eine Überprüfung der Beschwerde stattgefunden hat.

(4) Die Beschwerde kann bei der Behörde binnen acht Tagen nach Mitteilung der Entscheidung bzw. nach Kenntnisnahme von der Entscheidung, Maßnahme oder Unterlassung einer Maßnahme eingelegt werden.

(5) Gibt die Behörde der Beschwerde nicht statt, so ist sie verpflichtet, die Akten binnen 24 Stunden mit ihrer Stellungnahme dem für die Entscheidung zuständigen bzw. dem übergeordneten Staatsanwalt vorzulegen. Der Staatsanwalt bzw. der Oberstaatsanwalt ist verpflichtet, die Beschwerde binnen acht Tagen zu prüfen.

(6) Eine Beschwerde kann auch dann zurückgewiesen werden, wenn sie verspätet oder von einer zur Einlegung nicht berechtigten Person eingelegt wurde.

(7) Von der Entscheidung über die Beschwerde ist der Beschwerdeführer - im Fall der Aufhebung bzw. der Abänderung der Entscheidung auch derjenige, dem die Entscheidung mitgeteilt wurde - zu benachrichtigen.

(8) An der Entscheidung über die Beschwerde kann nicht mitwirken, wer die angeordnete Entscheidung gefällt oder ihr zugestimmt bzw. die Maßnahme ergriffen oder unterlassen hat.

II. Titel

Die Ermittlungen im Vergehensverfahren

§ 149 Im Vergehensverfahren sind die Vorschriften des IV. und V. Kapitels sowie die des I. Titels mit den nachfolgenden Abweichungen anzuwenden.

§ 150 (1) Anstelle der Aufnahme eines Protokolls kann ein Bericht angefertigt werden

a) über die im Zuge der Ergänzung der Anzeige erfolgten Vernehmungen,

b) über die Vernehmung von Zeugen, die Einnahme eines Augenscheins, die Durchführung eines Ermittlungsexperiments, einer Beschlagnahme und der Durchsuchung einer Person.

(2) Die Vorschriften des Absatzes 1 sind nicht anwendbar, wenn eine Person, deren Muttersprache nicht ungarisch ist, bei der Vernehmung bzw. Gegenüberstellung ihre Muttersprache gebrauchen will.

(3) Der Bericht hat zu enthalten:

a) Ort und Zeitpunkt der Verfahrenshandlungen, Namen und Wohnort der Anwesenden,

b) die dem Zeugen nach § 63 Abs. 2 sowie dem behördlichen Zeugen nach § 135 Abs. 2 erteilte Belehrung bzw. Unterrichtung und die von ihm hierzu abgegebene Erklärung,

c) den wesentlichen Inhalt der Aussagen bzw. Anhörungen der vernommenen Personen sowie eine kurz gefaßte Beschreibung nebst den Ergebnissen der übrigen Ermittlungshandlungen,

d) die Bezeichnung der im Laufe des Verfahrens erhobenen Urkunden, der amtlichen Benachrichtigungen und der Beweisgegenstände.

§ 151 Ergeben sich aus den Akten über ein gegen den Verdächtigten durchgeführtes Disziplinar-, Ordnungswidrigkeiten- oder sonstiges behördliches Verfahren hinreichende Beweise, so kann die Vernehmung einer Person, deren Aussage in einem derartigen Verfahren schon zu Protokoll genommen wurde, unterbleiben. Diese Vorschrift gilt nicht für die Vernehmung des Verdächtigten.

§ 152 Zur Ablehnung, Aussetzung oder Einstellung der Ermittlungen ist die Zustimmung des Staatsanwalts erforderlich, wenn das Gesetz die Straftat mit einer schwereren Strafe als einem Jahr Freiheitsentzug bedroht.

§ 153 Wurden die Ermittlungen bezüglich eines vom Gesetz mit weniger als einem Jahr Freiheitsentzug bedrohten Vergehens aus einem der in § 139 Abs. 1 Buchstaben a, c oder d genannten Gründe eingestellt, so kann nur der Staatsanwalt die Fortsetzung des Verfahrens anordnen.

§ 154 Die Anklageerhebung erfolgt mittels eines Anklageantrags, der die wesentlichen Züge der den Gegenstand der Anklage bildenden Handlung, die in § 146 Abs. 2 Buchstaben a, c, f und g angeführten Angaben sowie eine Erklärung des Staatsanwalts hinsichtlich seiner Teilnahme an der Verhandlung zu enthalten hat.

§ 155 Stellt die Behörde fest, daß die Vorschriften des Vergehensverfahrens nicht angewendet werden können, so sind die Ermittlungen nach den Vorschriften des Verbrechensverfahrens fortzusetzen. Soweit erforderlich, ist ein Zeuge erneut zu vernehmen, bzw. das Protokoll anhand der auf eine andere Weise festgehaltenen Zeugenaussage nachträglich aufzunehmen.

III. Titel

Die Ergänzung der Ermittlungen

§ 156 (1) Die Vorschriften dieses Kapitels sind auf die Ergänzung der Ermittlungen mit den nachfolgenden Abweichungen anzuwenden.

(2) Der Staatsanwalt kann die Ergänzung der Ermittlungen anordnen, wenn

a) der Sachverhalt nicht genügend aufgeklärt ist;

b) ein die Erledigung der Sache erheblich erschwerender Verstoß gegen Verfahrensvorschriften vorliegt, insbesondere dann, wenn der Verdächtigte oder der Verteidiger seine Rechte nicht ausüben konnte.

§ 157 (1) Die Vorschriften dieses Kapitels sind auch auf die vom Gericht angeordnete Ergänzung der Ermittlungen anzuwenden. Wird jedoch die Ergänzung der Ermittlungen in der Verhandlung angeordnet, und erweist sich die Aussetzung oder die Einstellung des Verfahrens als erforderlich, so stellt der Staatsanwalt einen entsprechenden Antrag bei Gericht.

(2) Die in § 131 Abs. 1 und 2 vorgesehene Frist beginnt im Falle der vom Staatsanwalt angeordneten Ergänzung der Ermittlungen mit dem Tag der Anordnung der Ermittlungen. Hat dagegen das Gericht die Ergänzung der Ermittlungen in der Verhandlung angeordnet (§ 171 Abs. 1), so ist die Frist vom Eingang der Entscheidung beim Staatsanwalt an zu berechnen. Ordnet das Gericht die Ergänzung der Ermittlungen in der Verhandlung an, so setzt es für deren Durchführung eine Frist.

(3) Ist infolge der Ergänzung der Ermittlungen auch wegen einer anderen Straftat oder gegen einen anderen Verdächtigten Anklage zu erheben, so verfaßt der Staatsanwalt eine Ergänzungsanklageschrift bzw. einen Ergänzungsanklageantrag und leitet diese bzw. diesen zusammen mit den Akten dem Gericht zu.

VII. Kapitel

Allgemeine Vorschriften für das gerichtliche Verfahren

Verhandlungen und Sitzungen des Gerichts

§ 158 (1) Das Gericht hält in den vom Gesetz bestimmten Fällen eine Verhandlung oder eine Sitzung ab.

(2) Die Vorschrift über die Öffentlichkeit der Verhandlung (§ 11) gilt auch - soweit das Gesetz nichts anderes bestimmt - für die Gerichtssitzungen.

(3) An einer Senatssitzung können nur die Mitglieder des Gerichts und der Protokollführer teilnehmen.

Das Verfahren vor dem Einzelrichter

§ 159 (1) In Sachen, die dem Vergehensverfahren zuzuordnen sind, führt in erster Instanz der Einzelrichter das Verfahren.

(2) Die das Gericht, den Senat oder den Senatsvorsitzenden betreffenden Vorschriften gelten im Vergehensverfahren für den Einzelrichter.

Das Protokoll

§ 160 (1) Von den Gerichtssitzungen ist dann ein Protokoll aufzunehmen, wenn das Gesetz dies bestimmt oder das Gericht es für notwendig erachtet.

(2) Das Protokoll ist - mit Ausnahme des in § 115 Abs. 7 bezeichneten Falles - stets von einem Protokollführer anzufertigen.

(3) Außer den in § 115 Abs. 2 bezeichneten Angaben hat das Protokoll auch eine Angabe darüber zu enthalten, ob die Verhandlung bzw. die Sitzung öffentlich war.

(4) Der mit dem Inhalt eines vorher aufgenommenen gerichtlichen Protokolls übereinstimmende Teil einer Aussage oder eines Gutachtens ist nicht aufzunehmen; statt dessen ist im Protokoll auf diesen Umstand hinzuweisen.

(5) In den in diesem Gesetz bestimmten Fällen kann ein abgekürztes Protokoll aufgenommen werden. Das abgekürzte Protokoll braucht nur die in § 115 Abs. 2 bezeichneten Angaben, den wesentlichen Gang des Verfahrens und eine Angabe darüber zu enthalten, ob die Verhandlung bzw. die Sitzung öffentlich war.

§ 161 (1) Das Protokoll ist spätestens innerhalb von acht Tagen, vom Zeitpunkt der Verfahrenshandlung an gerechnet, fertigzustellen. Wurde das Protokoll nicht gleichzeitig aufgenommen, so ist auch der Tag seiner Niederschrift zu vermerken.

(2) Der Staatsanwalt und die Verfahrensbeteiligten können binnen 15 Tagen von der Fertigstellung an die Vervollständigung oder Berichtigung des Protokolls verlangen. Über diesen Antrag entscheidet - gegebenenfalls nach Anhörung der bei der Verfahrenshandlung anwesenden Personen - das Gericht.

Beratung und Abstimmung

§ 162 (1) Das Gericht entscheidet - wenn es als Senat tätig wird - nach erfolgter Beratung durch Abstimmung.

(2) Der jüngere Richter gibt seine Stimme vor dem älteren, der Vorsitzende seine Stimme als letzter ab. Bei fehlender Einstimmigkeit entscheidet die Stimmenmehrheit.

(3) Von der zum Zweck der Beratung abgehaltenen Senatssitzung ist ein Protokoll aufzunehmen, wenn die Entscheidung nicht einstimmig gefaßt worden ist. Dieses Protokoll ist einschließlich der Anlagen verschlossen zu den Akten zu nehmen. In dieses Protokoll und die Anlagen können nur die in den besonderen Rechtsvorschriften bezeichneten Personen Einsicht nehmen. Der bei der Abstimmung in der Minderheit gebliebene Richter hat das Recht, seine Meinung dem Beratungsprotokoll schriftlich beizufügen.

Die gerichtlichen Entscheidungen

§ 163 (1) Das Gericht entscheidet in den gesetzlich bestimmten Fällen durch Urteil, sonst durch Beschluß. Urteile und sachentscheidende Beschlüsse ergehen "im Namen der Volksrepublik".

(2) Das Gericht hat in seiner Entscheidung in der Sache über die Anklage zu urteilen; bei der rechtlichen Würdigung des Sachverhalts ist es an Anträge nicht gebunden.

(3) Das Gericht bestimmt auch in seiner Entscheidung in der Sache, wer die Kosten des Verfahrens zu tragen hat.

(4) Die Entscheidungsgründe enthalten - sofern dieses Gesetz nichts anderes bestimmt - die erwiesenen Tatsachen unter Anführung der für diese maßgeblichen, im Rahmen der Beweiswürdigung ermittelten Gründe, ferner die Gründe des verfügenden Entscheidungsteils und die Bezeichnung der diesen zugrundeliegenden Rechtsvorschriften.

(5) Verfahrensleitende Verfügungen sind nicht zu begründen. Die Gründe für die Zurückweisung eines Antrags auf Ergänzung der Beweisaufnahme sind in der Entscheidung in der Sache darzulegen.

Die Verkündung von Gerichtsentscheidungen

§ 164 (1) Die Verkündung einer Entscheidung erfolgt durch Verlesung des verfügenden Teils und Mitteilung des wesentlichen Inhalts der Begründung.

(2) Der Senatsvorsitzende verliest stehend den verfügenden Teil des Urteils und des sachentscheidenden Beschlusses; die Anwesenden nehmen dies ebenfalls stehend entgegen.

Schriftliche Abfassung der Entscheidung

§ 165 (1) Wurde die Entscheidung nicht in das Protokoll aufgenommen, so ist sie - falls das Gesetz nichts anderes bestimmt - spätestens binnen acht Tagen bzw. wenn sie eine längere Begründung erfordert, binnen 15 Tagen, von der Entscheidung bzw. der Verkündung an gerechnet, schriftlich abzufassen.

(2) Die Urschrift der Entscheidung bzw. den vor der Verkündung schriftlich abgefaßten verfügenden Teil hat jedes Mitglied des erkennenden Senats zu unterschreiben.

(3) Protokollierte Entscheidungen sind nur dann zu unterschreiben, wenn sie sachentscheidend sind.

Die Mitteilung von Entscheidungen

§ 166 (1) Entscheidungen sind - mit Ausnahme der die Verhandlungsleitung und Aufrechterhaltung der Verhandlungsordnung betreffenden Entscheidungen - auch dem Staatsanwalt mitzuteilen.

(2) Der verfügende Teil der Entscheidung in der Sache ist dem Angeklagten auch dann zuzustellen, wenn ihm die Entscheidung schon im Wege der Verkündung mitgeteilt worden ist. Wurde gegen eine Entscheidung in der Sache Berufung eingelegt, so ist demjenigen, der die Berufung eingelegt hat, ferner dem Angeklagten und dem Verteidiger je eine mit Begründung versehene Abschrift zuzustellen. Im übrigen ist dem Angeklagten bzw. dem Verteidiger eine mit Begründung versehene Abschrift nur auf ein bei der Verkündung vorgebrachtes Ersuchen hin zuzustellen.

(3) Hält sich der Angeklagte gesetzwidrig im Ausland auf, so ist ihm die Entscheidung in der Sache durch Zustellung im Wege der öffentlichen Bekanntmachung mitzuteilen.

VIII. Kapitel

Die Vorbereitung der Verhandlung

I. Titel

Die Vorbereitung der Verhandlung im Verbrechensverfahren

Die Aufgaben des Senatsvorsitzenden

§ 167 (1) Der Senatsvorsitzende ist verpflichtet, binnen acht Tagen nach Eingang der Sache bei Gericht zu prüfen, ob und in welchen Fragen im Rahmen der Vorbereitung der Verhandlung zu entscheiden ist. Sind derartige Entscheidungen nicht zu treffen, so wird vom Vorsitzenden Termin für die Verhandlung anberaumt.

(2) Im Rahmen der Vorbereitung der Verhandlung ist zu prüfen, ob

a) die Verweisung der Sache,

b) die Aussetzung oder

c) die Einstellung des Verfahrens zulässig ist,

d) die Akten an den Staatsanwalt zurückzuleiten sind,

e) bezüglich der Untersuchungshaft, eines Verbots, den Aufenthaltsort zu verlassen oder einer vorläufigen Zwangsheilbehandlung eine Entscheidung zu treffen ist,

f) die Straftat rechtlich anders zu würdigen ist, als es in der Anklageschrift geschehen ist,

g) die Verhandlung der Sache vor einem aus fünf Mitgliedern bestehenden Senat stattfinden soll.

Die Verweisung

§ 168 Ist das Gericht sachlich oder örtlich nicht zuständig, so verweist es die Sache an das zuständige Gericht bzw. an die zuständige Behörde.

Die Aussetzung des Verfahrens

§ 169 (1) Das Gericht kann das Verfahren in den in § 137 Abs. 1 Buchstaben b bis d und Absatz 2 Buchstabe a bezeichneten Fällen, ferner dann, wenn die Fortsetzung des Verfahrens wegen einer schweren Krankheit des Angeklagten nicht möglich ist, aussetzen.

(2) Über Vorfragen entscheidet das Gericht in der Regel selbst. Hängt jedoch die Anwendung des Strafgesetzes von einer den Personenstand betreffenden Frage ab und wirkt das betreffende Urteil des Zivilgerichts gegenüber jedermann, so ist das Verfahren bis zur rechtskräftigen Entscheidung dieses Gerichts auszusetzen; ist das Verfahren vor dem Zivilgericht noch nicht eingeleitet worden, so ist der Betroffene aufzufordern, das Verfahren innerhalb einer angemessenen Frist in Gang zu setzen.

(3) Das Gericht setzt, sobald der Grund für die Aussetzung entfällt, das Verfahren fort. In dem im letzten Halbsatz des Absatzes 2 bezeichneten Fall ist das Verfahren auch dann fortzusetzen, wenn der betroffene Beteiligte das Verfahren vor dem Zivilgericht in der festgesetzten Frist nicht in Gang gesetzt hat.

(4) Das erstinstanzliche Gericht kann das Verfahren wegen Verletzung der Unterhaltspflicht (§ 196 StGB) - sofern nicht schon die Ermittlungen zu demselben Zweck aufgrund des § 137 Abs. 3 ausgesetzt wurden - für die Dauer von höchstens sechs Monaten einmal aussetzen, wenn hiervon die Erbringung der geschuldeten Leistungen zu erwarten ist. Das Gericht setzt, ohne den Ablauf der festgesetzten Frist abzuwarten, das Verfahren fort, wenn der Angeklagte seinen Unterhaltspflichten auch weiterhin nicht nachkommt.

(5) Der Beschluß über die Aussetzung des Verfahrens ist dem Angeklagten und dem Verteidiger zusammen mit der Anklageschrift zuzustellen.

Die Einstellung des Verfahrens

§ 170 (1) Das Gericht stellt das Verfahren ein, wenn

a) die den Gegenstand der Anklage bildende Handlung keine Straftat ist;

b) anhand der vorhandenen Angaben nicht festzustellen war, daß eine Straftat begangen wurde, bzw. daß der Angeklagte sie begangen hat, und eine solche Feststellung auch nicht von der Fortsetzung des Verfahrens zu erwarten ist;

c) ein strafausschließender oder strafaufhebender Grund vorliegt;

d) die Handlung bereits rechtskräftig abgeurteilt wurde;

e) die Anklage nach der Einreichung der Anklageschrift zurückgenommen wurde;

f) eine Straftat oder Ordnungswidrigkeit vorliegt, die im Verhältnis zu dem Gewicht einer anderen, den Gegenstand der Anklage bildenden Straftat hinsichtlich der strafrechtlichen Verantwortlichkeit belanglos ist.

(2) Ist bezüglich der Handlung, derentwegen das Verfahren eingeleitet wurde, vor einer anderen Behörde oder vor einem anderen Organ ein anderes Verfahren durchzuführen oder kann ein solches Verfahren durchgeführt werden, so unterrichtet das Gericht hiervon die zur Durchführung des Verfahrens zuständige Behörde bzw. das zuständige Organ.

(3) Wird das Verfahren eingestellt, so ist der Verletzte hiervon in Kenntnis zu setzen; die Privatpartei ist darauf hinzuweisen, daß sie ihren zivilrechtlichen Anspruch auf einem anderen Rechtsweg geltend machen kann.

(4) Das Verfahren kann nicht eingestellt werden, wenn die Anordnung einer Zwangsheilbehandlung notwendig erscheint.

Die Zurücksendung der Akten an den Staatsanwalt

§ 171 (1) Das Gericht kann im Interesse der vollständigen Aufklärung des Sachverhalts die Ergänzung der Ermittlungen anordnen und die Strafakten dem Staatsanwalt zurücksenden, wenn weitere Beweismittel zu beschaffen sind oder wenn die erforderliche Beweisaufnahme in der Verhandlung nur unter erheblichen Schwierigkeiten erfolgen könnte. Die Anordnung der Ergänzung der Ermittlungen findet auch dann statt, wenn aufgrund der Sachangaben anzunehmen ist, daß eine weitere Beweisaufnahme zur Einstellung des Verfahrens führen kann.

(2) Erscheint eine Erweiterung der Anklage möglich, so weist das Gericht den Staatsanwalt darauf hin. Es kann den Staatsanwalt auch darauf hinweisen, daß nach dem Sachverhalt wegen einer mit der Anklage eng zusammenhängenden Straftat auch die Erhebung der Anklage gegen eine andere Person begründet ist. In diesem Fall sind dem Staatsanwalt - auf dessen Antrag - die Akten zurückzusenden.

Die Entscheidungen bezüglich der Untersuchungshaft, der vorläufigen Zwangsheilbehandlung und des Verbots, den Aufenthaltsort zu verlassen

§ 172 (1) Das Gericht entscheidet oder kann im Rahmen der Vorbereitung der Verhandlung entscheiden über die Frage der Untersuchungshaft, einer vorläufigen Zwangsheilbehandlung und des Verbots, den Aufenthaltsort zu verlassen, mit Ausnahme des Falles, daß es die Akten dem Staatsanwalt zurücksendet (§ 171). In diesem Fall trifft der Staatsanwalt die Entscheidung zu den genannten Fragen.

(2) Im Fall der Verweisung der Sache dauert die durch das Gericht angeordnete oder aufrechterhaltene Untersuchungshaft oder vorläufige Zwangsheilbehandlung fort, bis das andere Gericht, an das die Sache verwiesen wurde, im Rahmen der Vorbereitung der Verhandlung eine Entscheidung fällt.

Die Möglichkeit, von der Anklageschrift abzuweichen

§ 173 Das Gericht kann feststellen, wie die Straftat von der in der Anklageschrift vorgenommenen Bewertung rechtlich abweichend gewürdigt werden kann oder daß Sicherungsverwahrung gegen den Angeklagten anzuordnen ist. Im Laufe der Fortsetzung des Verfahrens berücksichtigt das Gericht auch diese Feststellung.

Die Verweisung an einen aus fünf Mitgliedern bestehenden Senat

§ 174 Das Gericht kann, sofern die Voraussetzungen hierfür vorliegen, anordnen, daß die Sache vor einem aus fünf Mitgliedern bestehenden Senat zu verhandeln ist.

Die Befugnisse des Gerichtssenats

§ 175 (1) Die Vorbereitung der Verhandlung führt entweder der Senat oder der Senatsvorsitzende durch.

(2) Über die Einstellung des Verfahrens, die Zurücksendung der Akten an den Staatsanwalt, die Anordnung, Aufrechterhaltung oder Aufhebung der Untersuchungshaft oder der vorläufigen Zwangsheilbehandlung sowie die Anordnung oder Aufhebung des Verbots, den Aufenthaltsort zu verlassen, entscheidet der Senat.

(3) Der Senat kann in jeder in die Zuständigkeit des Senatsvorsitzenden fallenden Frage entscheiden.

Die Senatssitzung und die vorbereitende Sitzung

§ 176 (1) Das Gericht entscheidet in einer Senatssitzung in den im Rahmen der Vorbereitung der Verhandlung überprüften Fragen innerhalb von acht Tagen nach Eingang der Sache.

(2) Erscheint vor der Entscheidung die Anhörung des Staatsanwalts oder des Angeklagten erforderlich, so kann das Gericht binnen 15 Tagen eine vorbereitende Sitzung abhalten.

(3) Hat das Gericht über die Zurücksendung der Akten an den Staatsanwalt zu entscheiden, so ist eine vorbereitende Sitzung anzuberaumen.

§ 177 (1) Der Senatsvorsitzende benachrichtigt den Staatsanwalt, den Angeklagten und den Verteidiger vom Zeitpunkt der vorbereitenden Sitzung. Ist die persönliche Anhörung des Angeklagten erforderlich, so wird dieser und - im Fall der notwendigen Verteidigung - auch der Verteidiger geladen. Der Ladung bzw. der Benachrichtigung ist die Anklageschrift beizufügen.

(2) Die vorbereitende Sitzung kann nicht in Abwesenheit des Staatsanwalts, des geladenen Angeklagten und des Verteidigers abgehalten werden. Erscheint der geladene Verteidiger nicht, so kann der Angeklagte einen anderen Verteidiger bevollmächtigen bzw. es ist ein Verteidiger zu bestellen. Ist dies nicht auf der Stelle möglich, so ist die vorbereitende Sitzung auf Kosten des Verteidigers zu vertagen.

§ 178 (1) Nach Eröffnung der vorbereitenden Sitzung erstattet der Senatsvorsitzende einen kurzen Bericht über die Sache; die Senatsmitglieder, der Staatsanwalt, der Angeklagte und der Verteidiger können um Mitteilung des Inhalts weiterer Akten ersuchen.

(2) Der Senatsvorsitzende und die Senatsmitglieder können an den Staatsanwalt und an den Angeklagten Fragen richten. An den Angeklagten können auch der Staatsanwalt und der Verteidiger Fragen richten. Der Verteidiger und der Angeklagte können hinsichtlich der von ihrer Seite an den Staatsanwalt zu richtenden Fragen einen entsprechenden Antrag stellen.

(3) Über die vorbereitende Sitzung ist ein Protokoll aufzunehmen.

Die Befugnisse des Senatsvorsitzenden

§ 179 (1) Der Senatsvorsitzende entscheidet binnen acht Tagen, vom Eingang der Sache an gerechnet, über die Verweisung der Sache oder die Aussetzung des Verfahrens. Weiterhin stellt er die Möglichkeit fest, von der Anklageschrift abzuweichen. Er kann auch die Verhandlung der Sache vor einem aus fünf Mitgliedern bestehenden Senat anordnen.

(2) Hat das Gericht dem Angeklagten während seiner Abwesenheit eine Verwarnung (§ 71 StGB) erteilt, so hat der Vorsitzende die Übermittlung an den Angeklagten zu veranlassen.

Anberaumung der Verhandlung und damit zusammenhängende Verfügungen

§ 180 (1) Der Senatsvorsitzende hat die Verhandlung auf den nächstmöglichen Termin anzuberaumen. Das Gericht verhandelt jede Sache binnen 30 Tagen nach ihrem Eingang. Als Verhandlungsort sind in der Regel Räumlichkeiten des Gerichts zu bestimmen; doch kann aus einem schwerwiegenden Grund die Verhandlung auch an einem anderen Ort anberaumt werden.

(2) Der Senatsvorsitzende sorgt dafür, daß die zur Verhandlung erforderlichen Bedingungen vorliegen. Er lädt den Angeklagten zur Verhandlung, sorgt im Fall der notwendigen Verteidigung für die Bestellung des Verteidigers und lädt alle Personen, deren Anwesenheit in der Verhandlung erforderlich ist. Er benachrichtigt den Staatsanwalt, ferner alle am Strafverfahren Beteiligten, deren Anwesenheit in der Verhandlung das Gesetz gestattet.

(3) Den nach Absatz 2 am Strafverfahren Beteiligten ist die Ladung oder die Benachrichtigung mit dem Vermerk zuzustellen, daß sie ihre Beweisanträge unverzüglich, noch vor der Verhandlung, zu stellen haben. Der Senatsvorsitzende trägt dafür Sorge, daß die für die Beurteilung der Sache erforderlichen Beweismittel in der Verhandlung zur Verfügung stehen. Er kann - ohne die Akten dem Staatsanwalt zurückzusenden - diesen um die Beschaffung weiterer Beweismittel ersuchen.

§ 181 (1) Der Ladung des Angeklagten und des Verteidigers bzw. der Benachrichtigung des Verteidigers ist die Anklageschrift sowie die aufgrund des § 173 ergangene Entscheidung beizufügen, vorausgesetzt, daß beides nicht schon vorher zugestellt worden ist. Dem Angeklagten ist die Ladung mit der Anklageschrift mindestens acht Tage, den übrigen Beteiligten mindestens fünf Tage vor der Verhandlung zuzustellen.

(2) Hält sich der Angeklagte gesetzwidrig im Ausland auf, so ist die Ladung im Wege der öffentlichen Bekanntmachung zuzustellen.

§ 182 (1) Der Senatsvorsitzende kann die Verhandlung bei Vorliegen eines schwerwiegenden Grundes aufschieben. Die Verhinderung des Verteidigers ist nur dann ein Grund für den Aufschub der Verhandlung, wenn der Angeklagte keinen anderen Verteidiger bevollmächtigt bzw. die Bestellung eines anderen Verteidigers nicht mehr möglich ist, oder wenn der neue Verteidiger sich - aus Zeitmangel - auf die Verteidigung nicht vorbereiten kann.

(2) Konnte die Ladung dem Angeklagten deshalb nicht zugestellt werden, weil er sich an einem unbekannten Ort aufhält, so setzt der Senatsvorsitzende unter Aufschub der Verhandlung das Verfahren aus.

Die Entscheidungen nach der Vorbereitung der Verhandlung

§ 183 (1) Nach der Vorbereitung der Verhandlung bzw. nach Anberaumung des Verhandlungstermins entscheidet - soweit erforderlich - das Gericht in einer Senatssitzung über die in den §§ 170 und 172 bezeichneten Fragen, während der Senatsvorsitzende über die in den §§ 168, 169, 173, 174 und 180 bezeichneten Fragen entscheidet.

(2) Der Staatsanwalt ist verpflichtet, die Rücknahme der Anklage zu begründen.

Die Berufung gegen die während der Vorbereitung der Verhandlung ergangenen Entscheidungen und Verfügungen

§ 184 (1) Die Berufung ist nicht zulässig gegen

a) die Anberaumung und den Aufschub der Verhandlungen,

b) die Ladung bzw. Benachrichtigung von Personen bezüglich der vorbereitenden Sitzung und der Verhandlung,

c) die Aussetzung des Verfahrens nach § 182 Abs. 2,

d) die Feststellung der Möglichkeit, von der Anklageschrift abzuweichen und

e) die Ladung vor einen aus fünf Mitgliedern bestehenden Senat.

(2) Gegen die Anordnung der Ergänzung der Ermittlungen kann nur der Staatsanwalt Berufung einlegen.

(3) Hat das Gericht eine Verwarnung erteilt, so ist dagegen die Berufung nicht zulässig; der Angeklagte und der Staatsanwalt können aber innerhalb von acht Tagen nach der Mitteilung des Beschlusses um Anberaumung einer Verhandlung ersuchen. Aufgrund des Ersuchens hält das Gericht eine Verhandlung ab. Auf diese Verhandlung sind die Vorschriften des XVII. Kapitels anzuwenden.

II. Titel

Die Vorbereitung der Verhandlung im Vergehensverfahren

§ 185 Die Vorschriften des I. Titels sind auf das Vergehensverfahren mit den nachfolgenden Abweichungen anzuwenden.

§ 186 (1) Verweist der Einzelrichter die Sache an den Senat, so sind hinsichtlich der Vorbereitung der Verhandlung die Vorschriften des I. Titels anzuwenden.

(2) Das Gericht kann in der vorbereitenden Sitzung im Interesse der vollständigen Aufklärung des Sachverhalts die Akten auch dann an den Staatsanwalt zurücksenden, wenn die Ermittlungen nach den Vorschriften des Vergehensverfahrens durchgeführt wurden, die gesetzlichen Voraussetzungen dafür jedoch nicht vorlagen.

(3) Hat das Gericht den Staatsanwalt zur Teilnahme an der Verhandlung verpflichtet, so benachrichtigt es ihn hiervon.

(4) Gegen die in den Absätzen 1 und 3 bezeichneten Entscheidungen ist die Berufung nicht zulässig. Im Fall des Absatzes 2 kann nur der Staatsanwalt Berufung einlegen.

IX. Kapitel

Das Verfahren vor dem Gericht erster Instanz

I. Titel

Das Verbrechensverfahren

Die Senate

§ 187 (1) Der Senat entscheidet in der Verhandlung in der Besetzung mit drei Mitgliedern.

(2) Ist die Sache von besonderer Bedeutung oder außerordentlich schwierig, so ist der Senat mit fünf Mitgliedern zu besetzen.

(3) Die Senatsmitglieder sind in der Verhandlung vom Anfang bis zum Ende zugegen.

(4) Im Falle einer unvermeidbaren Verhinderung eines Senatsmitglieds kann die Entscheidung in der Sache auch durch einen anders besetzten Senat verkündet werden.

Verhandlungsleitung und Aufrechterhaltung der Verhandlungsordnung

§ 188 (1) Der Senatsvorsitzende leitet die Verhandlung. Er sorgt für die Einhaltung der gesetzlichen Vorschriften, die Wahrung der Würde der Sitzung sowie dafür, daß die am Verfahren Beteiligten ihre Rechte ausüben können, und weist sie auf ihre Rechte hin.

(2) Der Senatsvorsitzende bestimmt im Rahmen der gesetzlichen Grenzen die Reihenfolge der Verfahrenshandlungen.

(3) Der Senatsvorsitzende vernimmt den Angeklagten, die Zeugen und den Sachverständigen. An die vom Vorsitzenden vernommenen Personen können außer den Gerichtsmitgliedern auch der Staatsanwalt, der Angeklagte, der Verteidiger, die Privatpartei sowie - soweit sie betroffen sind - die übrigen Beteiligten und der Sachverständige Fragen stellen. Der Verletzte kann die Stellung von Fragen beantragen. Ist eine Frage geeignet, eine zu vernehmende Person zu beeinflussen oder wird sie von einer unbefugten Person gestellt, erstreckt sie sich auf mit der Sache in keinem Zusammenhang stehende Umstände oder verletzt sie die Würde der

Sitzung, so hat der Senatsvorsitzende die Fragestellung bzw. die Beantwortung zu untersagen.

§ 189 (1) Der Senatsvorsitzende hält die Verhandlungsordnung aufrecht.

(2) Der Senatsvorsitzende sorgt dafür, daß unter den Zuhörern keine Personen unter 14 Jahren anwesend sind; Personen unter 18 Jahren kann er von der Verhandlung ausschließen.

(3) Wer die Verhandlungsordnung stört, wird vom Senatsvorsitzenden zur Ordnung gerufen; im Fall einer wiederholten oder schweren Ordnungsstörung kann er den Störer auch des Saales verweisen bzw. hinausführen lassen. Das Gericht kann ihn mit einer Ordnungsstrafe belegen und den des Saales verwiesenen oder hinausgeführten Angeklagten in Haft nehmen. Der Senatsvorsitzende kann dem Staatsanwalt gegenüber wegen einer Störung der Verhandlungsordnung nur eine Mahnung aussprechen; gegenüber dem Verteidiger sind die Erteilung einer Verwarnung und die Verhängung einer Ordnungsstrafe möglich.

(4) Im Falle einer die Fortsetzung der Verhandlung hindernden Ordnungsstörung kann der Senatsvorsitzende die Zuhörerschaft oder einen Teil derselben aus dem Saal entfernen lassen.

§ 190 (1) Das Gericht setzt die Verhandlung auch in Abwesenheit des Angeklagten fort, wenn dieser des Saales verwiesen oder hinausgeführt worden ist, jedoch muß der Angeklagte spätestens vor Beendigung der Beweisaufnahme wieder vor das Gericht zurückgebracht und über das in seiner Abwesenheit Vorgefallene unterrichtet werden.

(2) Ist die Ordnungsstörung mögliche Grundlage eines Straf- oder Disziplinarverfahrens, so verständigt der Senatsvorsitzende die zuständige Behörde.

§ 191 Gegen die im Rahmen der Verhandlungsleitung bzw. zur Aufrechterhaltung der Verhandlungsordnung ergehenden Entscheidungen und Verfügungen ist die Einlegung einer gesonderten Berufung nicht zulässig; ausgenommen sind Entscheidungen, die die Verhängung einer Ordnungsstrafe, die Kostentragungspflicht des Betroffenen oder die Anordnung der Untersuchungshaft zum Gegenstand haben.

Die Eröffnung der Verhandlung

§ 192 (1) Die Verhandlung wird vom Senatsvorsitzenden mit dem Aufruf der Sache eröffnet. Er stellt fest, ob die Geladenen und die Benachrichtigten erschienen sind. Danach entscheidet er, ob die Verhandlung durchgeführt werden kann.

(2) Die Verhandlung kann ohne Anwesenheit des Staatsanwalts nicht durchgeführt werden.

(3) Die Verhandlung kann in Abwesenheit des Angeklagten durchgeführt werden:

a) auf Antrag des Staatsanwalts, wenn der Angeklagte sich gesetzwidrig im Ausland aufhält und seine Auslieferung nicht zulässig ist bzw. die Auslieferung verweigert wurde;

b) wenn Gegenstand des Verfahrens die Anordnung einer Zwangsheilbehandlung des Angeklagten ist und er infolge seines gesundheitlichen Zustandes der Verhandlung nicht beiwohnen kann bzw. zur Ausübung seiner Rechte nicht fähig ist.

(4) Wurde das Verfahren gegen mehrere Angeklagte eingeleitet, so kann

a) auch in Abwesenheit eines Angeklagten derjenige Teil der Verhandlung durchgeführt werden, der ihn nicht betrifft;

b) in Abwesenheit eines Angeklagten ein Teil der Verhandlung ohne Abtrennung der Sache durchgeführt werden, und zwar so lange, bis seine Vernehmung an der Reihe ist.

(5) Ist die Verteidigung notwendig, so kann die Verhandlung in Abwesenheit des Verteidigers - abgesehen von dem in Absatz 4 Buchstabe a bezeichneten Fall - nicht durchgeführt werden. Erscheint der geladene Verteidiger nicht, so kann der Angeklagte einen anderen Verteidiger bevollmächtigen bzw. ist ein Verteidiger zu bestellen. Ist dies jedoch nicht auf der Stelle möglich oder benötigt der neue Verteidiger eine entsprechende Zeit für die Vorbereitung der Verteidigung, so ist die Verhandlung auf Kosten des säumigen Verteidigers zu vertagen.

§ 193 (1) Der Senatsvorsitzende sorgt dafür, daß der Angeklagte oder Zeuge, der trotz einer dem § 112 Abs. 2 entsprechenden Ladung nicht erschienen ist, unverzüglich vorgeführt wird; den nicht erschienenen Sachverständigen fordert er zum Erscheinen in der Verhandlung auf.

(2) Stellt der Senatsvorsitzende fest, daß der Angeklagte sich an einem unbekannten Ort aufhält, so geht das Gericht entsprechend § 182 Abs. 2 vor.

(3) Ist eine Person in der Verhandlung nicht erschienen, deren Abwesenheit der Durchführung der Verhandlung nicht entgegensteht, so ist mit der Verhandlung zu beginnen; sie darf nicht vor der Vernehmung der erschienenen Personen vertagt werden.

§ 194 Nachdem der Senatsvorsitzende festgestellt hat, wer erschienen ist und daß der Durchführung der Verhandlung nichts entgegensteht, fordert er die Zeugen - mit Ausnahme des Verletzten - auf, den Verhandlungsort zu verlassen. Er weist sie auf die Folgen eines ungerechtfertigten Sichentfernens hin.

§ 195 Der Staatsanwalt, der Angeklagte, der Verteidiger und der Verletzte können vor Verhandlungsbeginn die Verweisung, Verbindung oder Abtrennung der Sache, die Ausschließung eines Senatsmitglieds oder des Staatsanwalts beantragen oder einen anderen der Durchführung der Verhandlung entgegenstehenden bzw. noch vor Verhandlungsbeginn zu berücksichtigenden Umstand geltend machen.

Der Verhandlungsbeginn

§ 196 (1) Stellt der Senatsvorsitzende fest, daß der Durchführung der Verhandlung nichts im Wege steht, so beginnt das Gericht die Verhandlung und unterbricht sie möglichst nicht bis zur Erledigung der Sache. Wenn dies wegen der Art der Sache oder aus einem anderen Grund notwendig ist, so kann der Senatsvorsitzende die begonnene Verhandlung für höchstens acht Tage unterbrechen; das Gericht kann - zum Zweck der Ergänzung der Beweisaufnahme oder aus einem anderen schwerwiegenden Grund - die Verhandlung vertagen.

(2) In dem in Absatz 1 bezeichneten Fall ist ein Termin zur Fortsetzung der Verhandlung anzuberaumen, es sei denn, daß mit Rücksicht auf den Grund der Vertagung zweifelhaft ist, ob die Verhandlung binnen drei Monaten fortgesetzt werden kann.

§ 197 (1) Die Verhandlung kann binnen drei Monaten ohne Wiederholung fortgesetzt werden, wenn in der Senatsbesetzung keine Veränderung eingetreten ist; sonst ist die Verhandlung von Anfang an nochmals durchzuführen.

(2) Eine unterbrochene Verhandlung ist, wenn seit der Vertagung mehr als acht Tage verstrichen sind, mit der Verlesung des Protokolls über die vorangegangene Verhandlung zu beginnen.

Die Bekanntgabe der Anklageschrift und des zivilrechtlichen Anspruchs

§ 198 (1) Nach dem Beginn der Verhandlung

a) fordert der Senatsvorsitzende den Staatsanwalt auf, den in § 146 Abs. 2 Buchstaben b, c und f bezeichneten Teil der Anklageschrift zu verlesen;

b) trägt der Senatsvorsitzende den zivilrechtlichen Anspruch der Privatpartei vor;

c) hat sich der Verletzte darüber zu erklären, ob er seinen angemeldeten Anspruch aufrechterhält oder nicht bzw. ob er einen zivilrechtlichen Anspruch geltend machen will;

d) fordert der Senatsvorsitzende den als Zeugen zu vernehmenden Verletzten auf, den Saal zu verlassen.

Die Reihenfolge der Beweisaufnahme

§ 199 (1) Die Beweisaufnahme beginnt mit der Vernehmung des Angeklagten.

(2) Die in der Anklageschrift bezeichneten Beweismittel gehen regelmäßig den vom Angeklagten und seinem Verteidiger bezeichneten Beweismitteln vor.

(3) Von den Zeugen ist im allgemeinen zuerst der Verletzte zu vernehmen.

Die Vernehmung des Angeklagten

§ 200 (1) Der Angeklagte ist nach der Vernehmung zur Person (§ 87 Abs. 1) darüber zu befragen, ob er die Anklage verstanden hat; im

Fall einer verneinenden Antwort ist ihm diese zu erläutern. Im Anschluß daran ist er zu fragen, ob er seine Schuld bekenne.

(2) Der Angeklagte ist im allgemeinen in Abwesenheit der noch nicht vernommenen Mitangeklagten zu vernehmen.

(3) Der Angeklagte, dessen Anwesenheit während der Vernehmung eines anderen Angeklagten diesen in seiner Aussage stören könnte, kann vom Senatsvorsitzenden für die Dauer der Vernehmung des anderen aus dem Saal entfernt werden. Auch in diesem Fall ist § 190 Abs. 1 anzuwenden.

(4) Der Angeklagte kann sich, ohne die Verhandlungsordnung zu stören, mit seinem Verteidiger auch während der Verhandlung verständigen; während seiner Vernehmung ist dies jedoch nur mit Zustimmung des Vorsitzenden statthaft.

Die Vernehmung der Zeugen

§ 201 (1) Bei der Vernehmung eines Zeugen dürfen die noch nicht vernommenen Zeugen nicht anwesend sein. Diese Vorschrift wird auch auf den als Zeugen zu vernehmenden Verletzten nach dem Ermessen des Gerichts angewendet.

(2) Die Vorschrift des § 200 Abs. 3 ist auch im Fall der Vernehmung eines Zeugen entsprechend anzuwenden.

Die Vorlage eines Beweisgegenstandes

§ 202 In der Verhandlung sind die Beweisgegenstände oder deren Abbildungen zur Besichtigung vorzulegen bzw. ist eine Beschreibung von ihnen abzugeben.

Die Verlesung von Urkunden

§ 203 (1) In der Verhandlung sind - im Rahmen des § 83 Abs. 3 - die Urkunden oder Schriftstücke zu verlesen, die als Beweisgegenstände dienen und deren Inhalt das Gericht als Beweis anerkannt hat.

(2) Nach der Verlesung des Gutachtens des vom Verhandlungstermin benachrichtigten, jedoch nicht erschienenen Sachverständigen ist dieser, wenn seine Anhörung notwendig erscheint, zu laden.

(3) Wurde ein Zeuge bereits im Vergehensverfahren vernommen, muß

aber die Verhandlung aufgrund des § 228 von Anfang an neu begonnen werden, so kann die vollständige Aussage des Zeugen oder ein Teil derselben in dieser neuen Verhandlung verlesen werden. Auf Antrag des Staatsanwalts, des Angeklagten oder des Verteidigers ist aber die Vernehmung des Zeugen zu wiederholen.

Augenschein und Ermittlungsexperiment

§ 204 Augenschein und Ermittlungsexperiment können - falls erforderlich - in einer am Tatort abgehaltenen Verhandlung durchgeführt werden; stößt dies auf Schwierigkeiten, so geht das Gericht nach § 206 Abs. 2 vor.

Die Unterlassung der Beweisaufnahme

§ 205 Wurde gegen den Angeklagten wegen mehrerer Straftaten bzw. mehrerer Straftaten und Ordnungswidrigkeiten ein Verfahren eingeleitet, so kann das Gericht von der Beweisaufnahme bezüglich Straftaten von geringerem Gewicht bzw. hinsichtlich der Verantwortlichkeit des Angeklagten belanglosen Ordnungswidrigkeiten absehen.

Die Ergänzung der Beweisaufnahme

§ 206 (1) Das Gericht kann im Interesse der Aufklärung des Sachverhalts - auf Antrag oder von Amts wegen - die Ergänzung der Beweisaufnahme anordnen. Ist dies nicht auf der Stelle möglich, so ist die Verhandlung zu vertagen.

(2) Die Beweisaufnahme kann außerhalb der Verhandlung erfolgen, wenn sie in der Verhandlung auf große Schwierigkeiten stoßen würde. In einem solchen Fall entsendet das Gericht ein Mitglied, das Berufsrichter ist, oder ersucht - falls notwendig - ein anderes Gericht. Über Ort und Zeit der Beweisaufnahme sind der Staatsanwalt, der Angeklagte, der Verteidiger und der Verletzte zu benachrichtigen.

(3) Kann die Beweisaufnahme in der in den Absätzen 1 und 2 bezeichneten Weise nicht ergänzt werden, so ordnet das Gericht eine Ergänzung der Ermittlungen an und sendet die Akten an den Staatsanwalt zurück.

(4) Der Staatsanwalt kann gegen die Anordnung der Ergänzung der Ermittlungen Berufung einlegen; im übrigen ist gegen die Anordnung der

Ergänzung der Beweisaufnahme sowie die Art und Weise ihrer Durchführung die Einlegung einer Berufung nicht zulässig. Die Zurückweisung eines Beweisantrags kann nur mit der gegen die Entscheidung in der Sache selbst eingelegten Berufung gerügt werden.

Die Verweisung der Sache und die Aussetzung des Verfahrens

§ 207 (1) Nach Verhandlungsbeginn kann die Sache aus den in § 33 Abs. 2 und 3 bezeichneten Gründen an ein anderes Gericht verwiesen werden.

(2) Nach Verhandlungsbeginn kann die Sache nicht mehr zum Gegenstand eines Vergehensverfahrens gemacht oder an einen mit fünf Mitgliedern besetzten Senat abgegeben werden.

(3) Das Verfahren kann auch nach Verhandlungsbeginn ausgesetzt werden (§§ 169, 182 Abs. 2). Hat das Gericht das Verfahren ausgesetzt, weil der Angeklagte sich an einem unbekannten Ort oder im Ausland aufhält, bzw. wegen einer nach der Begehung der Straftat bei ihm aufgetretenen Geisteskrankheit, so kann es die Einziehung anordnen oder den Angeklagten zum Ausgleich des Vermögensvorteils oder zur Zahlung des der Einziehung entsprechenden Wertes verpflichten.

Die außerhalb der Verhandlung getroffenen Entscheidungen

§ 208 (1) Nach der Vertagung der Verhandlung kann das Gericht - falls erforderlich - auch in einer Senatssitzung über die Verweisung der Sache, die Aussetzung oder Einstellung des Verfahrens sowie die Untersuchungshaft, ein Verbot, den Aufenthaltsort zu verlassen, oder eine vorläufige Zwangsheilbehandlung entscheiden.

(2) Begibt sich der Angeklagte nach der Vertagung der Verhandlung an einen unbekannten Aufenthaltsort, so geht der Senatsvorsitzende nach § 182 Abs. 2 vor.

Die Rücknahme und Abänderung der Anklage

§ 209 (1) Der Staatsanwalt kann dem Ergebnis der Beweisaufnahme entsprechend bis zu der in § 212 Abs. 6 bezeichneten Senatssitzung die Anklage zurücknehmen; er hat die Rücknahme zu begründen.

(2) Ist der Staatsanwalt der Ansicht, daß sich der Angeklagte einer anderen oder auch einer weiteren Straftat als derjenigen, welche den Gegenstand der Anklage bildet, schuldig gemacht hat, so kann er bis zu der in § 212 Abs. 6 bezeichneten Senatssitzung die Anklage abändern bzw. erweitern oder zum Zweck der Einreichung einer Nachtragsanklageschrift die Vertagung der Verhandlung beantragen.

(3) Im Fall der Abänderung bzw. Erweiterung der Anklage kann das Gericht im Interesse der Vorbereitung der Verteidigung die Verhandlung vertagen; hierüber hat das Gericht den Staatsanwalt, den Angeklagten und den Verteidiger zu hören. Ebenso geht das Gericht vor, wenn festgestellt wird, daß die Straftat nach dem Ergebnis der Verhandlung schwerer wiegt als diejenige, welche den Gegenstand der Anklage bildet, oder daß Sicherungsverwahrung gegen den Angeklagten anzuordnen ist.

(4) Ausnahmsweise kann das Gericht das Verfahren wegen der Straftat abtrennen, hinsichtlich der die Anklage erweitert wurde.

(5) Gehört die Beurteilung der abgeänderten bzw. erweiterten Anklage aus einem in § 33 Abs. 2 oder 3 bezeichneten Grund zur Zuständigkeit eines anderen Gerichts, so ist die Sache über den für den Bezirk dieses Gerichts tätigen Staatsanwalt an dieses Gericht abzugeben.

Der Antrag auf Anordnung einer Zwangsheilbehandlung oder der Sicherungsverwahrung

§ 210 Beantragt der Staatsanwalt in der Verhandlung die Anordnung einer Zwangsheilbehandlung oder der Sicherungsverwahrung gegen den Angeklagten, so ist § 209 Abs. 3 entsprechend anzuwenden.

Die Geltendmachung des zivilrechtlichen Anspruchs

§ 211 Die Privatpartei bzw. der Staatsanwalt kann den zivilrechtlichen Anspruch gegen den Angeklagten bis zu der in § 212 Abs. 6 bezeichneten Senatssitzung geltend machen.

Schlußvorträge und Erklärungen

§ 212 (1) Hat das Gericht die Beweisaufnahme beendet und wurde kein weiterer Beweisantrag gestellt bzw. ein solcher vom Gericht zurückgewiesen, so erklärt der Senatsvorsitzende das Beweisaufnahmeverfahren für abgeschlossen. Hierauf hält der Staatsanwalt seinen Schlußvortrag. In diesem stellt er einen begründeten Antrag hinsichtlich

a) der Straftat und der Tatsachen, aufgrund deren der Angeklagte vom Gericht schuldig zu sprechen ist;

b) der von diesem anzuwendenden Strafart; hinsichtlich einer bestimmten Höhe der auszusprechenden Strafe darf jedoch ein Antrag nicht gestellt werden;

c) sonst zu treffender Verfügungen.

(2) Nach dem Staatsanwalt können der Verletzte, die Privatpartei und die übrigen Beteiligten das Wort ergreifen. Dabei kann der Verletzte zur Frage der Verantwortlichkeit des Angeklagten und die Privatpartei zur Frage des zivilrechtlichen Anspruchs eine Erklärung abgeben. Die übrigen Beteiligten können im Rahmen des § 57 Anträge stellen.

(3) Hierauf erhält die Verteidigung das Wort. Hat der Angeklagte mehrere Verteidiger, so hält - nach einer von ihnen getroffenen Vereinbarung - nur einer von ihnen die Verteidigungsrede.

(4) Den Schlußvorträgen und Erklärungen können Erwiderungen folgen.

(5) Das Recht auf das letzte Wort hat der Angeklagte.

(6) Im Anschluß an die Schlußvorträge und Erwiderungen hält das Gericht eine Senatssitzung ab, um seine Entscheidung zu treffen.

Die Einstellung des Verfahrens durch Beschluß

§ 213 (1) Das Gericht stellt das Verfahren ein,

a) wenn ein Strafaufhebungsgrund (§ 32 StGB) vorliegt;

b) wenn der Angeklagte wegen des geringen Grades der gesellschaftlichen Gefährlichkeit seiner Handlung (§ 28 StGB) nicht strafbar ist, ferner der für die Einleitung eines Strafverfahrens erforderliche Strafantrag, die Anzeige oder das Ersuchen fehlt und dieser Mangel nicht geheilt wurde bzw. nicht mehr geheilt werden kann;

c) wenn die Handlung bereits früher rechtskräftig abgeurteilt wurde;

d) wenn eine Straftat gegeben ist, die neben der den Gegenstand der Anklage bildenden schwereren Straftat hinsichtlich der Verantwortlichkeit des Angeklagten nicht ins Gewicht fällt;

e) wenn es von der Verhängung einer Strafe absieht;

f) wenn der Staatsanwalt die Anklage zurücknimmt (§ 209 Abs. 1).

(2) Das Gericht kann in dem das Verfahren einstellenden Beschluß die Einziehung anordnen, ferner den Angeklagten - abgesehen vom Fall seines Todes - zum Ausgleich des Vermögensvorteils oder zur Zahlung des der Einziehung entsprechenden Wertes verpflichten sowie im Fall des Absatzes 1 Buchstabe a, ferner - falls es § 71 StGB anwendet - auch im Fall des Absatzes 1 Buchstabe b sowie d über den zivilrechtlichen Anspruch in der Sache selbst entscheiden.

(3) Der verfügende Teil des das Verfahren einstellenden Beschlusses enthält

a) die Angaben über die Untersuchungshaft des Angeklagten,

b) die Bezeichnung der Straftat, derentwegen Anklage erhoben wurde, ferner die Verfügung hinsichtlich der Einstellung des Verfahrens,

c) andere aufgrund von Rechtsvorschriften getroffene Verfügungen.

(4) Hinsichtlich der Begründung des das Verfahren einstellenden Beschlusses sind die Vorschriften der §§ 220 Abs. 3 und 221 Abs. 1 entsprechend anzuwenden.

Das Urteil

§ 214 (1) Das Gericht entscheidet durch Urteil, wenn der Angeklagte schuldig- oder freizusprechen ist.

(2) Das Gericht spricht den Angeklagten schuldig, wenn es festgestellt hat, daß er eine Straftat begangen hat und strafbar ist; in diesem Fall verhängt es eine Strafe, mit Ausnahme der Fälle, in denen als selbständige Maßnahme eine Zwangsbehandlung (§ 76 StGB) angeordnet wird oder der Angeklagte durch Beschluß zur Probe freigestellt wird (§ 214 a).

(3) Das Gericht spricht den Angeklagten von der Anklage frei, wenn

a) die der Anklage zugrundeliegende Handlung keine Straftat ist oder nicht vom Angeklagten begangen wurde;

b) der Nachweis der Begehung einer Straftat bzw. der Begehung durch den Angeklagten nicht erbracht wurde;

c) strafausschließende Gründe - abgesehen von dem geringen Grad der gesellschaftlichen Gefährlichkeit der Handlung und dem Mangel des Strafantrags - vorliegen.

(4) Das Gericht kann im Fall des Absatzes 3 Buchstabe c eine Zwangsheilbehandlung und die Einziehung anordnen, zum Ausgleich des Vermögensvorteils oder zur Zahlung des der Einziehung entsprechenden Wertes verpflichten sowie über den zivilrechtlichen Anspruch in der Sache selbst entscheiden.

Die Freistellung zur Probe

§ 214 a (1) Wird der Angeklagte neben der Feststellung der Begehung der Straftat zur Probe freigestellt (§ 72 StGB), entscheidet das Gericht durch Beschluß. Stellt das Gericht den Angeklagten unter Bewährungsaufsicht, so enthält der Beschluß auch die vom Gericht festgesetzten Verhaltensregeln.

(2) Das Gericht kann in diesem Beschluß die Einziehung anordnen, den Angeklagten zum Ausgleich des Vermögensvorteils oder zur Zahlung des der Einziehung entsprechenden Wertes verpflichten und über den zivilrechtlichen Anspruch in der Sache selbst entscheiden.

(3) Der Angeklagte wird zur Erstattung der Kosten des Verfahrens verpflichtet.

Die Entscheidung über den zivilrechtlichen Anspruch

§ 215 (1) Im Urteil oder sachentscheidenden Beschluß ist hinsichtlich des zivilrechtlichen Anspruchs nach Möglichkeit zur Sache selbst zu entscheiden. Würde dadurch der Abschluß des Verfahrens beträchtlich verzögert, so verweist das Gericht in seiner Entscheidung in der Sache die Geltendmachung des Anspruchs auf einen anderen Rechtsweg.

(2) Werden im Zusammenhang mit der Geltendmachung eines zivilrechtlichen Anspruchs voneinander abweichende Anträge bzw. Ersuchen vorgetragen, so entscheidet das Gericht im Rahmen des auf die höhere Summe gerichteten Anspruchs über sämtliche Anträge bzw. Ersuchen.

Die Entscheidung über eine Ordnungswidrigkeit

§ 216 (1) Das Gericht entscheidet über eine Ordnungswidrigkeit, wenn

a) der Staatsanwalt in der Anklageschrift die Aburteilung einer mit der den Gegenstand der Anklage bildenden Straftat zusammenhängenden Ordnungswidrigkeit beantragt hat;

b) es nach dem Ergebnis der Verhandlung der Ansicht ist, daß die der Anklage zugrundeliegende Handlung eine Ordnungswidrigkeit ist und es deshalb den Angeklagten freispricht.

(2) Das Gericht stellt das Verfahren wegen einer solchen Ordnungswidrigkeit ein, die neben der den Gegenstand der Anklage bildenden Straftat hinsichtlich der Verantwortlichkeit des Angeklagten nicht ins Gewicht fällt.

(3) Das Gericht kann im Fall des Absatzes 1 Buchstabe b die Einziehung anordnen oder zur Bezahlung des der Einziehung entsprechenden Wertes verpflichten sowie über den zivilrechtlichen Anspruch in der Sache selbst entscheiden.

Die Erstattung der Kosten des Strafverfahrens

§ 217 (1) Wird der Angeklagte schuldig gesprochen oder seine Verantwortlichkeit hinsichtlich der Begehung einer Ordnungswidrigkeit festgestellt, so verpflichtet ihn das Gericht zur Erstattung der Kosten des Strafverfahrens. Diese Vorschrift bezieht sich nicht auf Verfahrenskosten, die nach diesem Gesetz andere zu tragen haben.

(2) Der Angeklagte kann nur zur Erstattung der Kosten verpflichtet werden, die Bezug haben auf die Handlung oder die Teile des Sachverhalts, hinsichtlich deren seine Schuld oder seine Verantwortlichkeit festgestellt worden ist. Er kann nicht zur Erstattung der Kosten verpflichtet werden, die - ohne sein Versäumnis - unnötigerweise entstanden sind.

(3) Das Gericht kann den Angeklagten von der Erstattung eines Teils der Kosten ausnahmsweise befreien, wenn diese im Verhältnis zur Schwere der Straftat unverhältnismäßig hoch sind.

(4) Im Fall der Verurteilung mehrerer Angeklagter entscheidet das Gericht, ob die Kosten gesamtschuldnerisch oder in einem festzusetzenden Verhältnis zu tragen sind. Ist jedoch die Aufteilung der Kosten des

Verfahrens oder eines Teils derselben auf die Angeklagten möglich, so ist die Festsetzung einer gesamtschuldnerischen Kostentragung nicht statthaft.

§ 218 (1) Im Fall des Freispruchs des Angeklagten, der Einstellung des Verfahrens oder wenn eine Verantwortlichkeit für eine Ordnungswidrigkeit nicht festgestellt worden ist, werden die in § 120 Abs. 1 Buchstabe a bezeichneten Kosten des Strafverfahrens, ferner die Kosten, die deswegen erwachsen sind, weil der Angeklagte der ungarischen Sprache nicht mächtig ist, sowie die Kosten, zu deren Erstattung das Gericht den Angeklagten nach § 217 Abs. 2 und 3 nicht verpflichtet hat, vom Staat getragen.

(2) Hat das Gericht die Begehung einer Straftat durch den Angeklagten festgestellt, das Verfahren gegen ihn jedoch eingestellt, so kann es den Umständen entsprechend den Angeklagten zur vollständigen oder teilweisen Erstattung der Kosten des Strafverfahrens verpflichten.

(3) Auch im Fall des Freispruchs des Angeklagten oder der Einstellung des Verfahrens ist der Angeklagte zur Erstattung der Kosten zu verpflichten, die infolge seiner Säumnis entstanden sind.

§ 219 (1) Das Gericht kann - abgesehen vom Fall des Freispruchs - den Angeklagten auf Ersuchen des bestellten Verteidigers zur Zahlung eines Entgelts an den Verteidiger in der Höhe verpflichten, die der Gebühr entspricht, die im Fall der Bevollmächtigung in der Strafsache zu berechnen wäre. Der Verteidiger kann dieses Ersuchen spätestens in seiner Verteidigungsrede vortragen.

(2) Die Vorschrift des Absatzes 1 kann nur dann angewendet werden, wenn das Gericht für den bestellten Verteidiger noch kein Verteidigungsentgelt festgesetzt hat.

(3) Hat das Gericht den von der Privatpartei geltend gemachten zivilrechtlichen Anspruch zugesprochen, so verpflichtet es den Angeklagten zur Erstattung der Barauslagen der Privatpartei sowie der Barauslagen und der Gebühr des Vertreters der Privatpartei. Wurde der Anspruch teilweise zugesprochen, so ist der Angeklagte im entsprechenden Verhältnis zur Erstattung zu verpflichten, im übrigen hat diese Kosten die Privatpartei zu tragen.

Der Inhalt des Urteils

§ 220 (1) Der verfügende Teil des Urteils hat zu enthalten:

a) Angaben über die Untersuchungshaft des Angeklagten;

b) den Schuld- oder Freispruch des Angeklagten;

c) die übrigen vom Gericht aufgrund von Rechtsvorschriften getroffenen Verfügungen.

(2) Ergeht ein Schuldspruch gegen den Angeklagten, so muß der verfügende Teil des Urteils die Bezeichnung der Straftat, hinsichtlich derer seine Schuld festgestellt wurde, ferner die verhängte Strafe bzw. die angeordnete Maßnahme und auch die übrigen damit verbundenen Verfügungen enthalten. Im Falle eines Freispruchs muß der verfügende Teil des Urteils die Bezeichnung der Straftat, hinsichtlich derer der Angeklagte freigesprochen wurde, enthalten.

(3) In den Urteilsgründen sind außer den in § 163 Abs. 4 bezeichneten Angaben auch die Vorstrafen des Angeklagten aufzuführen. Ferner sind die Gründe für die Ablehnung von Anträgen auf Ergänzung der Beweisaufnahme sowie von anderen Anträgen anzugeben. Stimmt das Gericht mit einem Gutachten nicht überein, so ist dies zu begründen.

Abgekürzte Begründung und Protokoll

§ 221 (1) Hat gegen das verkündete Urteil weder der Staatsanwalt noch der Angeklagte noch der Verteidiger Berufung eingelegt, so müssen die Urteilsgründe nur einen abgekürzten Sachverhalt und die Bezeichnung des zur Anwendung gebrachten Strafgesetzes enthalten. In der Begründung eines freisprechenden Urteils kann auch der Sachverhalt weggelassen werden.

(2) Erwächst die vom Gericht im ersten Rechtszug getroffene Entscheidung in der Sache selbst in Rechtskraft, so kann ein abgekürztes Protokoll aufgenommen werden.

Die Verkündung der Entscheidung in der Sache selbst

§ 222 (1) Die Entscheidung in der Sache selbst ist unmittelbar nach der Beschlußfassung zu verkünden.

(2) Die Beschlußfassung und die Verkündung der Entscheidung

können für höchstens acht Tage ausgesetzt werden, wenn dies infolge der Schwierigkeiten der Sache oder des großen Umfangs der Entscheidung notwendig ist.

(3) Nach der Verkündung der Entscheidung werden die anwesenden Berufungsberechtigten vom Senatsvorsitzenden befragt, ob sie Berufung einzulegen wünschen. Die Reihenfolge bei der Abgabe der Berufungserklärung ist folgende: Zuerst haben der Staatsanwalt und die Privatpartei, dann der Angeklagte, der Verteidiger und die übrigen Beteiligten ihre Erklärungen abzugeben.

Die übrigen Entscheidungen

§ 223 (1) Wird die Entscheidung in der Sache selbst mit ihrer Verkündung nicht rechtskräftig, so ist über die Frage der Untersuchungshaft, die vorläufige Zwangsheilbehandlung und das Verbot, den Aufenthaltsort zu verlassen, sofort zu entscheiden.

(2) Wird der Angeklagte freigesprochen, zur Probe freigestellt oder das Verfahren eingestellt, so ist der Angeklagte auf freien Fuß zu setzen bzw. das Verbot, den Aufenthaltsort zu verlassen, außer Kraft zu setzen und - gegebenenfalls - über eine vorläufige Zwangsheilbehandlung zu entscheiden.

(3) Wird das Urteil mit seiner Verkündung rechtskräftig und sind die Voraussetzungen dafür gegeben, so führt das Gericht sofort das Verfahren zur Bildung einer Gesamtstrafe durch.

(4) Nach der Abgabe der Berufungserklärungen sowie nach der in den Absätzen 1 bis 3 bezeichneten Beschlußfassung wird die Verhandlung vom Senatsvorsitzenden geschlossen.

II. Titel

Das Vergehensverfahren

§ 224 Im Vergehensverfahren sind die Vorschriften des I. Titels mit den nachfolgenden Abweichungen anzuwenden.

Die an der Verhandlung Beteiligten

§ 225 (1) Ist die Anwesenheit des Staatsanwalts in der Verhandlung vorgeschrieben, so kann sie ohne seine Anwesenheit nicht abgehalten werden.

(2) Die Verhandlung kann in Abwesenheit des nach § 112 Abs. 2 geladenen Angeklagten nur dann durchgeführt werden, wenn ausschließlich ein mit Geldstrafe bedrohtes Vergehen Gegenstand der Anklage ist.

Die Bekanntgabe der Anklage

§ 226 Ist der Staatsanwalt bei der Verhandlung nicht anwesend, so gibt das Gericht aus dem Anklageantrag die wesentlichen Merkmale der der Anklage zugrundeliegenden Handlung bekannt.

Die Erweiterung der Anklage

§ 227 Liegen die Voraussetzungen für eine Erweiterung der Anklage vor, und ist der Staatsanwalt bei der Verhandlung nicht anwesend, so verständigt das Gericht hiervon den Staatsanwalt unter gleichzeitiger Vertagung der Verhandlung oder Abtrennung des Verfahrens.

Die Überleitung einer Sache in das Verbrechensverfahren

§ 228 (1) Stellt das Gericht fest, daß hinsichtlich einer Sache die Durchführung eines Verbrechensverfahrens zulässig ist, so verweist es sie - auch noch nach Verhandlungsbeginn - an den Senat. In diesem Fall ist die Verhandlung von Anfang an neu zu beginnen. Gegen eine derartige Entscheidung ist die Einlegung der Berufung nicht zulässig.

(2) Nach Verhandlungsbeginn ist § 90 Abs. 4 nicht anwendbar.

Die Bekanntgabe der Entscheidung an den Staatsanwalt

§ 229 Legen der Angeklagte und der Verteidiger keine Berufung gegen die im Wege der Verkündung mitgeteilte Entscheidung in der Sache selbst ein, so wird diese dem bei der Verhandlung nicht anwesend gewesenen Staatsanwalt durch das Gericht im Wege der Zustellung des verfügenden Teils des Urteils bekanntgegeben.

III. Titel

Vorschriften über das wiederholte Verfahren

§ 230 Wird infolge der Aufhebung der erstinstanzlichen Entscheidung das Verfahren wiederholt, so sind die Vorschriften des I. und II. Titels mit den nachfolgenden Abweichungen anzuwenden.

§ 231 Am wiederholten Verfahren kann in der Regel derjenige Richter nicht mitwirken, der an der Abfassung der aufgehobenen Entscheidung beteiligt war.

§ 232 Nach Verhandlungsbeginn erörtert der Senatsvorsitzende die zweitinstanzliche aufhebende Entscheidung, falls erforderlich auch die aufgehobene Entscheidung, sodann die eventuell abgeänderte Anklageschrift.

§ 233 (1) Anstelle einer erneuten Vernehmung der Zeugen und Sachverständigen kann das Protokoll über ihre früheren Aussagen bzw. ihr Gutachten vor dem Senat verlesen werden.

(2) Absatz 1 ist dann nicht anwendbar, wenn die Aufhebung deshalb erfolgt ist, weil das Urteil der Grundlage entbehrt und dieser Mangel nicht zu beseitigen war (§ 262 Abs. 1).

(3) Absatz 2 bezieht sich nicht auf den Teil des Tatbestandes, der durch die Mängel des Urteils nicht berührt wird.

§ 234 (1) Wurde keine Berufung zuungunsten des Angeklagten eingelegt, so kann die Schuld des freigesprochenen Angeklagten auch in dem wiederholten Verfahren nicht festgestellt werden bzw. kann nicht auf eine schwerere als im aufgehobenen Urteil ausgesprochene Strafe erkannt werden.

(2) Absatz 1 ist nicht anzuwenden, wenn die Aufhebung aufgrund des § 250 II Buchstaben a bis c erfolgt ist oder wenn während des wiederholten Verfahrens neue Beweise beigebracht wurden und das Gericht aufgrund dieser Beweise neue tatsächliche Feststellungen trifft, denen zufolge die Tat als rechtlich schwerer zu bewerten oder auf eine wesentlich schwerere Strafe zu erkennen ist, oder aber wenn -

vorausgesetzt, der Staatsanwalt hat die Anklage erweitert - der Angeklagte hinsichtlich einer weiteren Straftat schuldig zu sprechen ist.

(3) Im Fall des Absatzes 2 kann die Schuld des Angeklagten jedoch nicht festgestellt bzw. ihm gegenüber nicht auf eine schwerere Strafe erkannt werden, wenn das zweitinstanzliche Gericht das zuerst gefällte erstinstanzliche Urteil aufgrund des § 237 Abs. 2 aufgehoben hat.

X. Kapitel

Das Verfahren vor dem Gericht zweiter Instanz

I. Titel

Allgemeine Vorschriften für das zweitinstanzliche Verfahren

Recht auf Einlegung der Berufung und Wirkung der Berufung

§ 235 (1) Gegen das in erster Instanz gefällte Urteil ist die Berufung an das zweitinstanzliche Gericht zulässig.

(2) Die Berufung kann sich gegen jede Verfügung des Urteils oder ausschließlich gegen die Urteilsgründe richten.

(3) Die Berufung kann aus einem materiellrechtlichen oder aus einem verfahrensrechtlichen Grund eingelegt werden.

(4) Die Einlegung der Berufung hemmt die Rechtskraft des aufgrund der Berufung durch das zweitinstanzliche Gericht zu überprüfenden Urteilsteiles (§§ 236 und 237 Abs. 1).

Der Umfang der Überprüfung

§ 236 (1) Das zweitinstanzliche Gericht überprüft - soweit das Gesetz nichts anderes vorschreibt - das mit der Berufung angefochtene Urteil sowie das vorangegangene gerichtliche Verfahren in vollem Umfang, ungeachtet von wem und aus welchem Grund Berufung eingelegt wurde.

(2) Wurde gegen den Angeklagten wegen mehrerer Straftaten Anklage erhoben, so kann nur der freisprechende oder der einstellende Teil des Urteils, gegen den Berufung eingelegt wurde, überprüft werden.

(3) Richtet sich die Berufung ausschließlich gegen den die Aufhebung der Beschlagnahme, den zivilrechtlichen Anspruch oder die Kosten des Strafverfahrens betreffenden Teil des Urteils, so überprüft das zweitinstanzliche Gericht nur diesen angefochtenen Urteilsteil.

§ 237 (1) Bei mehreren Angeklagten überprüft das zweitinstanzliche Gericht das Urteil nur in bezug auf die von der Berufung betroffenen Angeklagten.

(2) Ist der von der Berufung betroffene Angeklagte freizusprechen, eine gegen ihn wegen einer milderen Beurteilung der Straftat gesetzwidrig verhängte zu schwere Strafe zu mildern oder der ihn betreffende Teil des erstinstanzlichen Urteils aufzuheben und das Verfahren gegen ihn einzustellen bzw. das erstinstanzliche Gericht zur Durchführung eines neuen Verfahrens anzuweisen, und liegen die das zweitinstanzliche Gericht zu einer solchen Entscheidung veranlassenden Gründe auch hinsichtlich eines Angeklagten, für den keine Berufung eingelegt wurde, vor, so fällt das zweitinstanzliche Gericht dieselbe Entscheidung auch bezüglich dieses Angeklagten.

(3) Entbehrt das Urteil der Grundlage, so kann das erstinstanzliche Gericht in Anwendung des Absatzes 2 nur dann zur Durchführung eines neuen Verfahrens angewiesen werden, wenn dies den Freispruch des von der Berufung nicht betroffenen Angeklagten, die Herabsetzung einer gesetzwidrig verhängten zu schweren Strafe aufgrund einer milderen Beurteilung der Straftat oder die Einstellung des Verfahrens zur Folge haben könnte.

Die Entscheidungen des zweitinstanzlichen Gerichts

§ 238 Das zweitinstanzliche Gericht bestätigt in den gesetzlich bestimmten Fällen das Urteil des erstinstanzlichen Gerichts, ändert es ab oder hebt es auf bzw. weist die Berufung zurück.

Die Bindung an die tatsächlichen Feststellungen des erstinstanzlichen Urteils

§ 239 (1) Das zweitinstanzliche Gericht gründet seine Entscheidung auf die in erster Instanz festgestellten Tatsachen, abgesehen von dem Fall, in dem das Urteil des erstinstanzlichen Gerichts der Grundlage entbehrt.

(2) Das Urteil des erstinstanzlichen Gerichts entbehrt der Grundlage, wenn

a) die Tatsachen nicht aufgeklärt sind;

b) das Gericht keine tatsächlichen Feststellungen getroffen hat oder die tatsächlichen Feststellungen mangelhaft sind;

c) die festgestellten Tatsachen zum Inhalt der Akten in Widerspruch stehen;

d) das Gericht aus den einzelnen festgestellten Tatsachen bezüglich weiterer Tatsachen unrichtige Folgerungen gezogen hat.

Beweisaufnahme im zweitinstanzlichen Gerichtsverfahren

§ 240 Zur Behebung des Mangels, daß das Urteil des erstinstanzlichen Gerichts der Grundlage entbehrt, ist eine Beweisaufnahme dann zulässig, wenn die tatsächlichen Feststellungen mangelhaft oder teilweise nicht aufgeklärt sind. Die Beweisaufnahme kann nur in der Verhandlung vorgenommen werden.

Das Verbot der reformatio in pejus

§ 241 (1) Die Verurteilung des vom erstinstanzlichen Gericht freigesprochenen Angeklagten, die Verschärfung seiner Strafe bzw. die Anordnung der Sicherungsverwahrung kann nur aufgrund einer zu seinen Ungunsten eingelegten Berufung erfolgen.

(2) In Ansehung des Absatzes 1 ist die Berufung als zuungunsten des Angeklagten eingelegt zu betrachten, die seine Verurteilung, eine schwerere Beurteilung seiner Handlung, die Verschärfung seiner Strafe oder die Anordnung der Sicherungsverwahrung bezweckt.

II. Titel

Die Regelung der Berufung im Verbrechensverfahren

Die Berufungsberechtigten

§ 242 Berufung können einlegen

I. zugunsten des Angeklagten:

a) der Angeklagte,

b) der Staatsanwalt,

c) der Verteidiger, auch ohne Zustimmung des Angeklagten,

d) der Erbe des Angeklagten gegen die dem zivilrechtlichen Anspruch stattgebende Entscheidung,

e) der gesetzliche Vertreter oder der Ehegatte des volljährigen Angeklagten gegen die Anordnung der Zwangsheilbehandlung - auch ohne Zustimmung des Angeklagten.

II. zuungunsten des Angeklagten:

a) der Staatsanwalt,

b) die Privatpartei gegen die den zivilrechtlichen Anspruch sachlich erledigende Entscheidung;

III. alle Personen, gegen die das Urteil eine Verfügung enthält, gegen die betreffende Verfügung.

Die Einlegung der Berufung

§ 243 (1) Derjenige, dem das Urteil im Wege der Verkündung mitgeteilt worden ist, kann unmittelbar nach der Verkündung Berufung einlegen oder sich zur Einlegung der Berufung eine dreitägige Frist vorbehalten. Bei Versäumung dieser Frist ist die Wiedereinsetzung in den vorigen Stand nicht zulässig.

(2) Ist das Urteil durch Zustellung mitgeteilt worden, so kann die Berufung binnen acht Tagen eingelegt werden.

(3) Eine nicht unmittelbar eingelegte Berufung ist bei dem in erster Instanz erkennenden Gericht zu Protokoll zu geben oder schriftlich einzulegen.

Die Zurücknahme der Berufung

§ 244 (1) Der Beschwerdeführer kann, solange sich das Gericht nicht zur Beratung der Entscheidung in zweiter Instanz zurückgezogen hat, die Berufung zurücknehmen.

(2) Die Berufung des Staatsanwalts kann nach der Übersendung der Akten durch den beim zweitinstanzlichen Gericht tätigen Staatsanwalt

zurückgenommen werden. Nimmt er die Berufung zurück, und ist eine andere Berufung nicht eingelegt worden, so sendet er die Akten mit seiner Stellungnahme an das erstinstanzliche Gericht zurück.

(3) Die zugunsten des Angeklagten von einem anderen eingelegte Berufung kann der Einlegende nur mit Zustimmung des Angeklagten zurücknehmen. Diese Vorschrift bezieht sich nicht auf die Berufung des Staatsanwalts.

(4) Eine zurückgenommene Berufung kann nicht erneut eingelegt werden.

Inhalt und Begründung der Berufung

§ 245 (1) In der Berufung sind der Grund und der Zweck der Berufung anzugeben. Ist die genaue Bezeichnung des Berufungsgrundes versäumt worden oder ist die Fassung der Berufungsschrift sonst mißverständlich, so kann deshalb die sachliche Entscheidung über die Berufung nicht verweigert werden.

(2) In der Berufung kann auch eine neue Tatsache behauptet und ein neuer Beweis angetreten werden.

(3) Die Berufung kann eingehend schriftlich begründet werden. Die Begründung ist bis zur Übersendung der Akten beim erstinstanzlichen Gericht, nach der Übersendung der Akten beim zweitinstanzlichen Gericht - spätestens acht Tage vor der Verhandlung - einzureichen.

Die Stellungnahme zur Berufung

§ 246 Die am Verfahren Beteiligten können zu der Berufung bis zur Übersendung der Akten beim erstinstanzlichen Gericht, nach der Übersendung der Akten beim zweitinstanzlichen Gericht Stellung nehmen.

Übersendung der Akten an das zweitinstanzliche Gericht

§ 247 (1) Eine verspätete, nach dem Gesetz unzulässige oder von einem Nichtberechtigten eingelegte Berufung wird vom erstinstanzlichen Gericht verworfen.

(2) Ist die für die Einlegung der Berufung vorgesehene Frist für sämtliche Beteiligten abgelaufen, so sendet der Senatsvorsitzende die Akten über den beim zweitinstanzlichen Gericht tätigen Staatsanwalt

unverzüglich, spätestens jedoch binnen 15 Tagen, an das zweitinstanzliche Gericht.

(3) Wird die Berufung auf die Verletzung einer verfahrensrechtlichen Vorschrift gestützt, und ist dieser Umstand aus den Akten nicht ersichtlich, so gibt der Senatsvorsitzende hierzu in der Übersendungsschrift eine Erklärung ab.

(4) Der beim zweitinstanzlichen Gericht tätige Staatsanwalt ist verpflichtet, die ihm zugesandten Akten zusammen mit seinem Antrag oder seinen sonstigen Erklärungen binnen acht Tagen - in umfangreichen oder schwierigen Sachen binnen 15 Tagen - beim zweitinstanzlichen Gericht einzureichen.

Die Aufgaben des Senatsvorsitzenden

§ 248 (1) Der Vorsitzende des zweitinstanzlichen Senats

a) trifft vor der Senatssitzung bzw. vor der Verhandlung alle zum Zweck der Heilung von Mängeln, der Ergänzung der Akten, der Beischaffung neuer Schriftstücke, der Übersendung der Akten an den Staatsanwalt oder der Einholung von Erklärungen des erstinstanzlichen Gerichts notwendigen Verfügungen;

b) fordert den Beschwerdeführer auf, seine Berufung binnen drei Tagen zu ergänzen, wenn nicht zu erkennen ist, warum er das Verfahren des erstinstanzlichen Gerichts bzw. dessen Urteil für gesetzwidrig hält;

c) sendet die Akten an das erstinstanzliche Gericht zurück, wenn die Berufungen zurückgenommen worden sind;

d) setzt den Senatssitzungstermin (§ 249) bzw. den Verhandlungstermin (§ 255) innerhalb eines Zeitraums von 30 Tagen nach dem Eingang der Akten fest, wenn der unter c) bezeichnete Fall nicht gegeben ist.

Die Erledigung der Berufung in der Senatssitzung

§ 249 Das zweitinstanzliche Gericht erledigt die Berufung in der Senatssitzung, wenn

a) die Berufung verspätet oder von einem Nichtberechtigten eingelegt worden ist oder nach dem Gesetz unzulässig war und das erstinstanzliche Gericht die Verwerfung der Berufung (§ 247 Abs. 1) versäumt hat. In diesen Fällen wird die Berufung zurückgewiesen;

b) es zur Beurteilung der Berufung sachlich oder örtlich nicht zuständig ist. In diesen Fällen werden die Akten an das für die Beurteilung der Berufung sachlich und örtlich zuständige Gericht übersandt;

c) die Aussetzung des Verfahrens statthaft ist (§§ 169, 182 Abs. 2). Hält sich der Angeklagte an einem unbekannten Ort oder im Ausland auf bzw. wird der Angeklagte nach der Begehung der Straftat geisteskrank oder wird er schwer krank, so ist die Aussetzung des Verfahrens nur dann zulässig, wenn die Verhandlung in Abwesenheit des Angeklagten nicht durchgeführt werden kann;

d) eine in § 250 bezeichnete Entscheidung zu fällen ist.

§ 250 Entscheidungen in der Senatssitzung:

I. Das zweitinstanzliche Gericht hebt das Urteil des erstinstanzlichen Gerichts auf und stellt das Verfahren ein, wenn

a) die Strafbarkeit des Angeklagten infolge seines Todes, seiner Begnadigung oder des Eintritts der Verjährung entfallen ist;

b) das in erster Instanz erkennende Gericht trotz Fehlens des für das Verfahren erforderlichen Strafantrags, der erforderlichen Anzeige oder des notwendigen Ersuchens ein Urteil gefällt hat;

c) die Handlung bereits früher rechtskräftig abgeurteilt worden ist.

II. Das zweitinstanzliche Gericht hebt das Urteil auf und weist das erstinstanzliche Gericht zur Durchführung eines neuen Verfahrens an, wenn

a) das Gericht nicht ordnungsgemäß besetzt war;

b) an der Entscheidung ein im Sinne des Gesetzes befangener oder ein nicht bis zum Schluß der Verhandlung anwesender Richter beteiligt war;

c) das Gericht seine sachliche Zuständigkeit überschritten oder eine die ausschließliche örtliche Zuständigkeit betreffende Rechtsvorschrift verletzt hat;

d) die Verhandlung in Abwesenheit einer Person abgehalten worden ist, deren Teilnahme vom Gesetz zwingend vorgeschrieben ist.

III. Das zweitinstanzliche Gericht hebt das Urteil auf und übersendet die Akten dem Staatsanwalt, wenn das erstinstanzliche Gericht ohne gesetzliche Anklage vorgegangen ist und dieser Umstand auf das Urteil einen wesentlichen Einfluß ausgeübt hat.

IV. Das zweitinstanzliche Gericht hält die nur die Aufhebung der Beschlagnahme bzw. die Kosten des Strafverfahrens betreffenden Verfügungen des Urteils aufrecht, wenn eine nur insoweit eingelegte Berufung unbegründet ist; im übrigen ändert es die diesbezüglichen Verfügungen ab.

§ 251 (1) In dem in § 250 I Buchstabe a bezeichneten Fall sowie bei Aussetzung des Verfahrens, weil sich der Angeklagte an einem unbekannten Ort oder im Ausland aufhält oder geisteskrank geworden ist, werden die Verfügungen des erstinstanzlichen Gerichts über die Einziehung sowie - abgesehen von der Einstellung des Verfahrens aufgrund des Todes des Angeklagten - die Verfügungen über die Verpflichtung zum Ausgleich des Vermögensvorteils oder zur Bezahlung des der Einziehung entsprechenden Wertes und über den zivilrechtlichen Anspruch vom zweitinstanzlichen Gericht

a) aufrecht erhalten, wenn hiergegen keine Berufung eingelegt wurde oder die eingelegte Berufung unbegründet ist;

b) abgeändert und eine dem Gesetz entsprechende Entscheidung gefällt, wenn das erstinstanzliche Gericht eine Rechtsvorschrift unrichtig angewendet hat.

(2) Setzt das zweitinstanzliche Gericht das ausgesetzte Verfahren fort, so kann es die aufgrund des Absatzes 1 getroffenen Verfügungen aufheben.

(3) Das freisprechende Urteil bzw. der freisprechende Teil ist nicht aufgrund des § 250 II Buchstabe d aufzuheben, wenn das Urteil in Abwesenheit des Angeklagten oder des Verteidigers gefällt wurde.

§ 252 (1) Der Senatsvorsitzende kann in einer Sache, in der eine Senatssitzung zulässig ist, eine Verhandlung anberaumen, wenn er der Ansicht ist, daß über die Berufung nur in einer Verhandlung entschieden werden kann.

(2) Das zweitinstanzliche Gericht kann in einer Senatssitzung zu treffende Entscheidungen auch dann in der Verhandlung treffen, wenn die Gründe hierfür sich aus der Verhandlung ergeben.

Die Ladung zur Verhandlung

§ 253 (1) Der Angeklagte ist zur Verhandlung zu laden, wenn in der Verhandlung eine Beweisaufnahme durchgeführt wird oder wenn das Gericht seine Anwesenheit für notwendig erachtet.

(2) Befindet sich der Angeklagte in Haft, so ist er zur Verhandlung vorzuführen.

(3) Die Ladung ist dem Angeklagten spätestens fünf Tage vor dem Verhandlungstermin zuzustellen. Wurde die Berufung nicht unmittelbar im Anschluß an die Urteilsverkündung eingelegt, so ist dem Angeklagten davon in der Ladung Mitteilung zu machen.

(4) Ist die Verteidigung notwendig, so ist der Verteidiger zur Verhandlung zu laden.

Die Benachrichtigung vom Zeitpunkt der Verhandlung

§ 254 (1) Ist der Angeklagte nicht zu laden (§ 253), so ist er vom Zeitpunkt der Verhandlung zu benachrichtigen. Befindet sich der Angeklagte in Haft, so ist er - auf sein oder des Verteidigers Ersuchen - zur Verhandlung vorzuführen.

(2) Vom Zeitpunkt der Verhandlung sind der Staatsanwalt, im Fall der nicht notwendigen Verteidigung der Verteidiger, ferner der Verletzte und alle diejenigen, die Berufung eingelegt haben, zu benachrichtigen.

(3) Die Benachrichtigung ist den Beteiligten spätestens fünf Tage vor dem Verhandlungstermin zuzustellen.

(4) Die Liste der an einem Tag zu verhandelnden Sachen ist beim Berufungsgericht spätestens fünf Tage vor der Verhandlung anzuschlagen.

Die Verhandlung

§ 255 (1) Im Berufungsverfahren sind die Vorschriften des IX. Kapitels mit den nachfolgenden Abweichungen anzuwenden.

(2) Die Teilnahme des Staatsanwalts ist im Verfahren vor dem

Obersten Gericht notwendig, wenn er seine Teilnahme an der Verhandlung angekündigt hat. In diesem Fall kann die Verhandlung ohne die Anwesenheit des Staatsanwalts nicht durchgeführt werden.

(3) Die Verhandlung kann ohne die Anwesenheit der geladenen Angeklagten nicht durchgeführt werden, abgesehen von den in § 192 Abs. 3 bezeichneten Fällen.

(4) Der Durchführung der Verhandlung steht kein Hindernis entgegen, wenn der Angeklagte von ihrem Zeitpunkt deshalb nicht benachrichtigt werden konnte, weil er die Bekanntgabe der Änderung seiner Anschrift dem Gericht gegenüber versäumt hat, ferner dann nicht, wenn die Empfangsbestätigung über die Benachrichtigung bis zum Tage der Verhandlung nicht eingetroffen ist.

(5) Gegen die Versäumung des Verhandlungstermins ist die Wiedereinsetzung in den vorigen Stand nicht zulässig.

§ 256 (1) In der Verhandlung erstattet der vom Senatsvorsitzenden bestimmte Richter über die Sache Bericht. Er erläutert in diesem Bericht das erstinstanzliche Urteil, die Berufung, die Stellungnahmen zu der Berufung und den Inhalt der Akten, sofern deren Kenntnis für die Überprüfung der Sache erforderlich ist.

(2) Die Senatsmitglieder, der Staatsanwalt, der Angeklagte, der Verteidiger und der Verletzte können um eine Ergänzung des Berichts ersuchen.

(3) Nach Beendigung des Sachberichts ist - soweit erforderlich - die Beweisaufnahme vorzunehmen. Sodann halten die nach § 212 Berechtigten ihre Schlußvorträge. Der Beschwerdeführer hält als erster seinen Schlußvortrag. Hat auch der Staatsanwalt Berufung eingelegt, so ist er als erster anzuhören.

Die Entscheidungen während der Berufungsverhandlung

§ 257 (1) Ändert das zweitinstanzliche Gericht das erstinstanzliche Urteil ab, so entscheidet es durch Urteil, andernfalls durch Beschluß.

(2) Die Begründung der Entscheidung hat zu enthalten, durch wen und weshalb Berufung eingelegt wurde, ferner die Gründe für die Beurteilung der Berufung.

§ 258 (1) Entbehrt das Urteil der Grundlage (§ 239 Abs. 2), so

a) ergänzt bzw. berichtigt das zweitinstanzliche Gericht die Feststellungen, wenn diese aufgrund des Akteninhalts, sachlicher Folgerungen oder der vorgenommenen Beweisaufnahme lückenlos bzw. richtig festgestellt werden können. Das erstinstanzliche Urteil wird aufgrund der auf diese Weise festgestellten Tatsachen überprüft;

b) kann das zweitinstanzliche Gericht von den durch das erstinstanzliche Gericht getroffenen Feststellungen abweichende Tatsachen feststellen, wenn aufgrund der vorgenommenen Beweisaufnahme der Freispruch des Angeklagten oder die Einstellung des Verfahrens zulässig wäre.

(2) Im Fall des Absatzes 1 kann das zweitinstanzliche Gericht die Beweise nur bezüglich derjenigen Tatsachen abweichend vom erstinstanzlichen Gericht würdigen, hinsichtlich deren es eine Beweisaufnahme durchgeführt hat.

Die Bestätigung des erstinstanzlichen Urteils

§ 259 (1) Das zweitinstanzliche Gericht bestätigt das Urteil des erstinstanzlichen Gerichts, wenn die Berufung unbegründet ist und das Urteil nicht aufzuheben oder nicht abzuändern ist bzw. wegen des Verbots der Strafschärfung nicht abgeändert werden kann.

(2) Die Gründe für die Bestätigung sind in der Begründung der Entscheidung nur kurz anzuführen.

Die Abänderung des erstinstanzlichen Urteils

§ 260 Das zweitinstanzliche Gericht ändert das Urteil des erstinstanzlichen Gerichts ab und trifft die dem Gesetz entsprechende Entscheidung, wenn das in erster Instanz erkennende Gericht eine Rechtsvorschrift unrichtig angewendet hat.

Die Aufhebung des erstinstanzlichen Urteils

§ 261 (1) Das zweitinstanzliche Gericht hebt das erstinstanzliche Urteil auf und weist das in erster Instanz erkennende Gericht zur Durchführung eines neuen Verfahrens an, wenn eine unter § 250 II nicht genannte Verletzung von Verfahrensvorschriften vorliegt, die auf das Urteil einen wesentlichen Einfluß gehabt hat. Eine solche Verletzung liegt vornehmlich dann vor, wenn die am Verfahren Beteiligten die ihnen gesetzlich zustehenden Rechte nicht ausüben konnten oder in deren Ausübung beschränkt wurden, bzw. wenn das erstinstanzliche Gericht seiner Begründungpflicht nicht nachgekommen ist.

(2) Das freisprechende Urteil bzw. der freisprechende Teil des Urteils ist nicht aufzuheben, wenn die in Absatz 1 bezeichnete Verletzung von Verfahrensvorschriften die gesetzlichen Rechte des Angeklagten oder des Verteidigers berührt hat.

§ 262 (1) Das zweitinstanzliche Gericht hebt das erstinstanzliche Urteil auf und weist das in erster Instanz erkennende Gericht an, ein neues Verfahren durchzuführen, wenn der Umstand, daß das Urteil der Grundlage entbehrt, nicht gemäß § 258 zu beseitigen ist und er auf die Schuldfeststellung oder die Strafzumessung wesentlichen Einfluß hatte.

(2) Der freisprechende Teil des erstinstanzlichen Urteils ist nicht aufzuheben, wenn nur der restliche Teil des erstinstanzlichen Urteils der Grundlage entbehrt.

§ 263 Das zweitinstanzliche Gericht hebt das erstinstanzliche Urteil auf und stellt das Verfahren ein, wenn der Angeklagte wegen des geringen Grades der gesellschaftlichen Gefährlichkeit seiner Handlung nicht strafbar ist (§ 28 StGB) oder seine Strafbarkeit wegen des Erlöschens der gesellschaftlichen Gefährlichkeit seiner Handlung (§ 36 StGB) bzw. aus einem im Gesetz bestimmten anderen Grund (§ 32 Buchstabe e StGB) erlischt, ferner in den unter § 213 Abs. 1 Buchstaben d und e bezeichneten Fällen. Die in § 251 Abs. 1 bezeichneten Verfügungen können auch in diesen Fällen getroffen werden.

§ 264 (1) Die Begründung des aufhebenden Beschlusses hat die Gründe der Aufhebung, ferner Anweisungen des zweitinstanzlichen Gerichts für das zu wiederholende Verfahren zu enthalten.

(2) Das zweitinstanzliche Gericht kann anordnen, daß die Sache vor einem anderen Senat des erstinstanzlichen Gerichts bzw. ausnahmsweise vor einem anderen Gericht verhandelt werden soll.

(3) Befindet sich der Angeklagte in Haft oder wurde seine vorläufige Zwangsheilbehandlung angeordnet, so entscheidet das zweitinstanzliche Gericht über die Fortsetzung bzw. Aufhebung dieser Maßnahmen.

(4) Werden aufgrund der Aufhebung Ermittlungen eingeleitet, so sind auf deren Durchführung die Vorschriften über die Ergänzung der Ermittlungen anzuwenden.

Der zivilrechtliche Anspruch

§ 265 (1) Entscheidet das zweitinstanzliche Gericht im Urteil ausschließlich über den den zivilrechtlichen Anspruch betreffenden Teil des erstinstanzlichen Urteils und hält es die Berufung für begründet, so ändert es diesen Teil des Urteils ab. Würde durch die Überprüfung des zivilrechtlichen Anspruchs in der Sache selbst das Verfahren verzögert, so hebt es diesen Teil des erstinstanzlichen Urteils auf und verweist die Geltendmachung des zivilrechtlichen Anspruchs auf einen anderen Rechtsweg. Ist die Berufung unbegründet, so bestätigt es das erstinstanzliche Urteil.

(2) Das zweitinstanzliche Gericht kann über den zivilrechtlichen Anspruch auch dann eine Entscheidung zur Sache selbst treffen, wenn es aufgrund der Berufung des Staatsanwalts den Teil des erstinstanzlichen Urteils überprüft, der die Geltendmachung des Anspruchs auf einen anderen Rechtsweg verweist.

Die Kosten des Strafverfahrens

§ 266) (1) Das zweitinstanzliche Gericht setzt in seiner Entscheidung die Kosten des zweitinstanzlichen Verfahrens fest und bestimmt, soweit erforderlich, wer sie zu tragen hat.

(2) War die Berufung des Angeklagten oder des Verteidigers erfolgreich, so kann das Gericht den schuldig gesprochenen Angeklagten von der Zahlung der Kosten des zweitinstanzlichen Strafverfahrens insgesamt oder teilweise befreien.

Die Verfügungen nach Erledigung der Berufung

§ 267 (1) Nach Erledigung der Berufung werden die Akten mit den Ausfertigungen der Entscheidungen und mit dem Verhandlungsprotokoll des zweitinstanzlichen Gerichts an das erstinstanzliche Gericht zurückgesandt.

(2) Das erstinstanzliche Gericht läßt die Entscheidung des zweitinstanzlichen Gerichts durch Zustellung bekanntmachen bzw. dem Angeklagten und dem Verteidiger zustellen.

(3) Hat das zweitinstanzliche Gericht dem Angeklagten eine Verwarnung erteilt (§ 71 StGB), und war der Angeklagte bei der Berufungsverhandlung nicht anwesend, so erteilt der Senatsvorsitzende des erstinstanzlichen Gerichts die Verwarnung.

III. Titel

Die Berufung gegen im Verbrechensverfahren ergangene Beschlüsse

§ 268 Wird gegen einen in der Verhandlung ergangenen, das Verfahren einstellenden (§ 213) oder die Freistellung zur Probe aussprechenden (§ 214 a) Beschluß Berufung eingelegt, so sind die Vorschriften der Titel I und II anzuwenden. Bei Berufungen gegen andere Beschlüsse sind die Vorschriften der Titel I und II mit den nachfolgenden Abweichungen anzuwenden.

§ 269 (1) Gegen Beschlüsse des erstinstanzlichen Gerichts ist die Berufung zulässig, sofern sie nicht von diesem Gesetz ausgeschlossen wird.

(2) Der Beschluß kann unmittelbar vollstreckt werden, mit Ausnahme des Falles, daß dieses Gesetz die aufschiebende Wirkung der Berufung bestimmt. Doch kann bei Vorliegen eines schwerwiegenden Grundes die Vollstreckung des Beschlusses sowohl vom erstinstanzlichen als auch vom zweitinstanzlichen Gericht ausgesetzt werden.

(3) Wird der Beschluß im Wege der Verkündung mitgeteilt, so ist die Berufung unmittelbar nach der Verkündung mündlich einzulegen.

(4) Im Fall der Durchführung einer Beweisaufnahme entscheidet das zweitinstanzliche Gericht über die gegen den Beschluß eingelegte Berufung in einer Verhandlung, anderenfalls in einer Senatssitzung.

IV. Titel

Die Regelung der Berufung im Vergehensverfahren

§ 270 (1) Die Vorschriften dieses Titels sind auf das zweitinstanzliche Verfahren dann anzuwenden, wenn das erstinstanzliche Gericht die Vorschriften über das Vergehensverfahren angewendet hat.

(2) Im Berufungsverfahren wegen eines Vergehens sind die Vorschriften der Titel I bis III mit den nachfolgenden Abweichungen anzuwenden.

§ 271 Zur Behebung des Mangels, daß das erstinstanzliche Urteil der Grundlage entbehrt, ist eine Beweisaufnahme dann zulässig, wenn die Tatsachen nicht aufgeklärt oder die tatsächlichen Feststellungen mangelhaft sind.

§ 272 (1) Teilt das Gericht das Urteil dem Staatsanwalt im Wege der Zustellung des verfügenden Teils des Urteils mit (§ 229), so kann der Staatsanwalt binnen drei Tagen Berufung einlegen.

(2) Der Staatsanwalt sendet die Akten mit seinem Antrag oder seiner Stellungnahme binnen acht Tagen dem zweitinstanzlichen Gericht zu.

(3) Ist in der Sache ein Verbrechensverfahren zulässig, so weist der Senatsvorsitzende des zweitinstanzlichen Gerichts die Sache durch einen nicht zu begründenden Beschluß dem Verbrechensverfahren zu.

§ 273 Das zweitinstanzliche Gericht erledigt in einer Senatssitzung

a) (aufgehoben)

b) die gegen einen aufgrund einer Verhandlung ergangenen Einstellungsbeschluß eingelegte Berufung.

§ 274 (1) Das zweitinstanzliche Gericht kann, wenn das Urteil der Grundlage entbehrt (§ 239 Abs. 2), aufgrund des Akteninhalts, sachlicher Folgerungen oder der vorgenommenen Beweisaufnahme von den in erster Instanz festgestellten Tatsachen abweichende Feststellungen treffen; es kann auch die Beweise ohne die in § 258 Abs. 2 bezeichnete Einschränkung würdigen.

(2) Absatz 1 ist nicht anwendbar, wenn die Folge die Feststellung der Schuld eines Angeklagten wäre, den das erstinstanzliche Gericht freigesprochen hat oder demgegenüber das Verfahren eingestellt wurde.

§ 275 (1) Die Aufhebung des Urteils aufgrund des § 261 Abs. 1 ist ausgeschlossen. Sie ist aufgrund des § 262 Abs. 1 zulässig, wenn im Fall der Beseitigung des Mangels, daß das Urteil der Grundlage entbehrt, die Schuld eines Angeklagten festzustellen wäre, den das erstinstanzliche Gericht freigesprochen hat oder demgegenüber das Verfahren eingestellt wurde.

(2) Ist das zweitinstanzliche Gericht der Ansicht, daß ein Grund für die Durchführung eines Wiederholungsverfahrens nach den Vorschriften über das Verbrechensverfahren vorliegt, so weist es das erstinstanzliche Gericht hierzu in dem aufhebenden Beschluß an.

XI. Kapitel

Die Wiederaufnahme des Verfahrens

Die Gründe für die Wiederaufnahme

§ 276 (1) In einer aufgrund einer rechtskräftigen Entscheidung abgeschlossenen Sache findet die Wiederaufnahme des Verfahrens (Grundverfahren) statt, wenn

a) hinsichtlich einer im Grundverfahren vorgebrachten oder nicht vorgebrachten Tatsache ein neues Beweismittel beigebracht worden ist, welches es wahrscheinlich macht, daß

   1. der Beschuldigte freizusprechen, eine wesentlich mildere Strafe zu verhängen oder das Strafverfahren einzustellen ist;

   2. die Schuld des Beschuldigten festzustellen oder eine wesentlich schwerere Strafe zu verhängen ist;

b) hinsichtlich des Beschuldigten wegen derselben Handlung mehrere Urteile ergangen sind;

c) im Grundverfahren ein falscher oder verfälschter Beweis vorgebracht worden ist;

d) ein Mitglied des Gerichts in Zusammenhang mit dem Verfahren seine Amtspflicht in einer gegen das Strafgesetz verstoßenden Weise verletzt hat;

e) im Grundverfahren das Urteil in einer nach § 192 Abs. 3 Buchstabe a in Abwesenheit des Beschuldigten durchgeführten Verhandlung ergangen ist.

(2) In den Fällen des Absatzes 1 Buchstaben c und d findet eine Wiederaufnahme des Verfahrens nur dann statt, wenn

a) die als Grund für die Wiederaufnahme bezeichnete Straftat durch ein rechtskräftiges Urteil festgestellt worden ist oder eine solche Verurteilung nicht mangels Beweises, sondern aus einem anderen Grund ausgeschlossen war, und

b) die als Grund für die Wiederaufnahme bezeichnete Straftat auf die Entscheidung im Grundverfahren von Einfluß war.

(3) Eine Wiederaufnahme des Verfahrens zuungunsten des Beschuldigten findet nur zu Lebzeiten des Beschuldigten und nur innerhalb der Verjährungsfrist statt. Der Umstand, daß der Beschuldigte seine Strafe verbüßt hat, schließt die Wiederaufnahme des Verfahrens nicht aus; auch wird die Wiederaufnahme des Verfahrens zugunsten des Beschuldigten nicht dadurch ausgeschlossen, daß die Strafbarkeit des Beschuldigten entfallen ist.

Antrag und Gesuch auf Wiederaufnahme des Verfahrens

§ 277 (1) Der Staatsanwalt kann die Wiederaufnahme des Verfahrens zugunsten des Beschuldigten wie auch zu dessen Ungunsten beantragen. Erlangt ein Gericht oder eine Amtsperson von einem Umstand amtliche Kenntnis, aufgrund dessen eine Wiederaufnahme des Verfahrens beantragt werden kann, so besteht die Pflicht, hiervon denjenigen Staatsanwalt zu benachrichtigen, der bei dem Gericht tätig ist, das im Grundverfahren in erster Instanz erkannt hat.

(2) Zugunsten des Beschuldigten kann um eine Wiederaufnahme des Verfahrens ersuchen:

a) der Beschuldigte selbst,

b) der Verteidiger, es sei denn, der Beschuldigte untersagte dies,

c) nach dem Tode des Beschuldigten jeder in gerader Linie Verwandte des Beschuldigten, seine Geschwister oder sein Ehegatte,

d) hinsichtlich eines eine Zwangsheilbehandlung anordnenden Urteils der gesetzliche Vertreter des Beschuldigten.

(3) Auf der Grundlage des § 276 Abs. 1 Buchstabe e kann nur zugunsten des Beschuldigten und nur dann um Wiederaufnahme des Verfahrens ersucht werden, wenn sich der Beschuldigte auf dem Gebiet der Ungarischen Volksrepublik aufhält.

Das Wiederaufnahmeverfahren

§ 278 (1) Das Gesuch um Wiederaufnahme des Verfahrens ist bei dem beim erstinstanzlichen Gericht tätigen Staatsanwalt schriftlich einzulegen oder mündlich zu Protokoll zu geben. Der Staatsanwalt leitet seinen Antrag bzw. ein derartiges Gesuch zusammen mit seiner Stellungnahme binnen 30 Tagen dem erkennenden Gericht des Grundverfahrens erster Instanz zu. Im Gesuch sind der Grund des Gesuchs und die Beweise anzugeben; doch ist die mangelhafte Bezeichnung des Grundes an sich kein Hindernis für die Wiederaufnahme des Verfahrens.

(2) Vor der Zusendung des Wiederaufnahmeantrags bzw. -gesuchs kann der Staatsanwalt, sodann das Gericht die Einleitung von Ermittlungen anordnen; zu diesem Zweck wendet sich das Gericht an den Staatsanwalt. Hinsichtlich der Ermittlungen sind die Vorschriften des VI. Kapitels, der Eigenart des Wiederaufnahmeverfahrens entsprechend, sinngemäß anzuwenden; jedoch kann der Staatsanwalt weder die Untersuchungshaft noch eine vorläufige Zwangsheilbehandlung, noch ein Verbot, den Aufenthaltsort zu verlassen, anordnen.

(3) Das Gericht prüft den Wiederaufnahmeantrag bzw. das Wiederaufnahmegesuch in einer Senatssitzung.

§ 279 (1) Hält das Gericht den Wiederaufnahmeantrag bzw. das Wiederaufnahmegesuch für begründet, so ordnet es die Wiederaufnahme des Verfahrens an und beraumt Termin für die Verhandlung an, bzw. verweist die Sache an ein örtlich und sachlich zuständiges Gericht; gleichzeitig kann es die Vollstreckung jeder im Grundverfahren ergangenen Verfügung aussetzen oder unterbrechen bzw. die erforderlichen Zwangsmaßnahmen anordnen.

(2) Hält das Gericht den Wiederaufnahmeantrag bzw. das Wiederaufnahmegesuch für unbegründet, so verwirft es ihn. Die Entscheidung wird dem Staatsanwalt und demjenigen, der das Wiederaufnahmegesuch eingereicht hat, zugestellt.

(3) Die Kosten des Verfahrens werden im Fall der Verwerfung des Wiederaufnahmeantrags vom Staat, im Fall der Verwerfung des Wiederaufnahmegesuchs von demjenigen, der das Gesuch eingereicht hat, getragen.

(4) Gegen die Anordnung der Wiederaufnahme des Verfahrens ist die Berufung nicht zulässig, gegen die Verwerfung des Wiederaufnahmeantrags kann der Staatsanwalt, gegen die Verwerfung des Wiederaufnahmegesuchs derjenige, der das Gesuch eingereicht hat, Berufung einlegen.

§ 280 (1) Im Fall der Anordnung der Wiederaufnahme des Verfahrens sind die Vorschriften des VII. und IX. Kapitels mit den sich aus dem Charakter der Wiederaufnahme des Verfahrens ergebenden sinngemäßen Abweichungen anzuwenden.

(2) Dem Beschuldigten ist - zusammen mit der Ladung - auch der Beschluß über die Anordnung der Wiederaufnahme des Verfahrens zuzustellen; in der Verhandlung sind statt der Anklageschrift das durch die Wiederaufnahme des Verfahrens angefochtene Urteil und der Beschluß über die Anordnung der Wiederaufnahme des Verfahrens zu verlesen.

§ 281 (1) Kommt das Gericht nach den Ergebnissen der Verhandlung in der Sache zu der Überzeugung, daß die Wiederaufnahme des Verfahrens begründet ist, so hebt es das in erster Instanz ergangene Urteil in vollem Umfang bzw. den entsprechenden Teil des Urteils auf und fällt ein neues Urteil. Hält es hingegen die Wiederaufnahme des Verfahrens für unbegründet, so weist es den Wiederaufnahmeantrag zurück.

(2) Wurde aus den im Grundverfahren ausgesprochenen Strafen eine Gesamtstrafe gebildet und ist infolge der Begründetheit der Wiederaufnahme auch das Urteil aufzuheben, auf dem die Gesamtstrafe beruht, so hebt das Gericht auch dieses Urteil auf und bildet eine neue Gesamtstrafe, vorausgesetzt, daß es damit seine sachliche Zuständigkeit nach § 378 Abs. 1 nicht überschreitet. Andernfalls übersendet es die Akten dem nach § 378 Abs. 1 sachlich zuständigen Gericht.

(3) Das Urteil kann nicht zuungunsten des Beschuldigten abgeändert werden, wenn der Wiederaufnahmeantrag bzw. das Wiederaufnahmegesuch zugunsten des Beschuldigten eingelegt wurde.

(4) Gegen Entscheidungen, die während des Wiederaufnahmeverfahrens ergehen, kann nach den allgemeinen Vorschriften Berufung eingelegt werden. In Verfahren vor dem zweitinstanzlichen Gericht sind die Vorschriften des X. Kapitels anzuwenden.

§ 282 Im Fall der Wiederaufnahme des Verfahrens ist über den im Urteil sachlich entschiedenen zivilrechtlichen Anspruch erneut zu entscheiden, wenn dies vom Staatsanwalt, vom Beschuldigten oder von der Privatpartei beantragt wird. Eine Wiederaufnahme des Verfahrens (ein neues Verfahren) allein hinsichtlich des zivilrechtlichen Anspruchs kann jedoch nur vor dem Zivilgericht oder einer sonst zur Entscheidung über den Anspruch zuständigen Behörde aus den hierfür genannten Gründen und im Wege des dafür bestimmten Verfahrens stattfinden.

§ 283 Die Vorschriften dieses Kapitels sind auch dann entsprechend anzuwenden, wenn die Wiederaufnahme des Verfahrens hinsichtlich eines rechtskräftigen Einstellungsbeschlusses, eines die Freistellung zur Probe verfügenden oder eines ohne Verhandlung auf Geldstrafe erkennenden Beschlusses beantragt bzw. darum ersucht worden ist.

XII. Kapitel

Die Gesetzlichkeitsverwahrung

Allgemeine Bestimmungen

§ 284 (1) Der Oberste Staatsanwalt und der Vorsitzende des Obersten Gerichts sind befugt, gegen eine rechtskräftige Entscheidung des Gerichts oder einen bestimmten Teil derselben beim Obersten Gericht Gesetzlichkeitsverwahrung einzulegen, wenn die Entscheidung die Gesetze verletzt oder der Grundlage entbehrt.

(2) Der Oberste Staatsanwalt ist befugt, gegen einen rechtskräftigen Einstellungsbeschluß, der aufgrund einer Verhandlung ergangen war (§ 213 Abs. 1 Buchstabe f), Gesetzlichkeitsverwahrung einzulegen, wenn

die Zurücknahme der Anklage die Gesetze verletzt oder der Grundlage entbehrt.

§ 285 Die Gesetzlichkeitsverwahrung hat keine aufschiebende Wirkung; der Oberste Staatsanwalt bzw. der Vorsitzende des Obersten Gerichts kann jedoch bis zur Entscheidung des Obersten Gerichts die Vollstreckung der von ihm durch Gesetzlichkeitsverwahrung angefochtenen Entscheidung aussetzen, unterbrechen oder die notwendigen Zwangsmaßnahmen anordnen. Die Untersuchungshaft oder eine vorläufige Zwangsheilbehandlung kann gegenüber demjenigen, der freigesprochen oder demgegenüber das Verfahren in der Verhandlung eingestellt worden ist, nicht angeordnet werden.

§ 286 Über die Gesetzlichkeitsverwahrung entscheidet ein mit drei Berufsrichtern besetzter Senat des Obersten Gerichts; ist die Verwahrung aber gegen eine Entscheidung des Obersten Gerichts gerichtet, so entscheidet der Präsidialrat des Obersten Gerichts.

§ 287 (1) Über die Gesetzlichkeitsverwahrung ist aufgrund der im Zeitpunkt des Erlasses der angefochtenen Entscheidung geltenden Rechtsvorschriften sowie den in der angefochtenen Entscheidung festgestellten Tatsachen zu entscheiden, mit Ausnahme des Falles, daß die Entscheidung der Grundlage entbehrt.

(2) Das Oberste Gericht kann nicht über eine Abänderung des mit der Gesetzlichkeitsverwahrung angefochtenen Teils der rechtskräftigen Entscheidung hinausgehen; es kann nur in der durch die Gesetzlichkeitsverwahrung bezeichneten Richtung und in dem durch sie festgesetzten Umfang entscheiden.

(3) Aufgrund einer nach Ablauf von einem Jahr nach Eintritt der Rechtskraft der angefochtenen Entscheidung eingelegten Gesetzlichkeitsverwahrung kann keine für den Beschuldigten nachteiligere Verfügung als die in der angefochtenen Entscheidung ausgesprochene getroffen werden. In diesem Fall kann nur eine Gesetzesverletzung festgestellt werden; dies gilt auch für das aufgrund der Aufhebung wiederholte Verfahren.

Die Entscheidung über die Gesetzlichkeitsverwahrung

§ 288 (1) Das Oberste Gericht entscheidet über die Gesetzlichkeitsverwahrung in einer Sitzung. In den Fällen des § 290 Abs. 2 kann es auch in einer Senatssitzung entscheiden.

(2) Von der Sitzung ist der Oberste Staatsanwalt - falls die Gesetzlichkeitsverwahrung nicht von ihm eingelegt wurde - unter Zusendung einer Abschrift der Gesetzlichkeitsverwahrung zu benachrichtigen.

(3) Wurde die Gesetzlichkeitsverwahrung zuungunsten des Beschuldigten eingelegt, so ist der Beschuldigte zur Sitzung zu laden. Wird der in Haft befindliche Beschuldigte geladen, so ist er in jedem Fall vorzuführen; wenn er jedoch nur benachrichtigt wurde, so ist er auf sein oder des Verteidigers Ersuchen hin vorzuführen. War die Verteidigung im Verfahren notwendig oder wurde die Gesetzlichkeitsverwahrung zuungunsten des Beschuldigten eingelegt, so ist der Verteidiger zur Sitzung zu laden.

(4) Diejenigen, deren Rechte durch die aufgrund der Gesetzlichkeitsverwahrung ergehende Entscheidung betroffen werden können, sind vom Sitzungstermin unter Zusendung einer Abschrift der Gesetzlichkeitsverwahrung zu benachrichtigen.

(5) Die Sitzung kann nicht in Abwesenheit des Obersten Staatsanwalts oder seines Vertreters, des geladenen Verteidigers und des in Haft befindlichen geladenen Beschuldigten abgehalten werden.

(6) Die Ladung und die Benachrichtigung sind so rechtzeitig abzusenden, daß ihre Zustellung mindestens acht Tage vor der Sitzung erfolgt. Der Abhaltung einer Sitzung steht nicht entgegen, daß die Ladung oder die Benachrichtigung deswegen nicht zugestellt werden konnte, weil sich der Beschuldigte an einem unbekannten Ort oder gesetzwidrig im Ausland aufhält, oder aber die Empfangsbestätigung über die Ladung bzw. Benachrichtigung bis zum Tage der Sitzung nicht eingetroffen ist.

§ 289 (1) Nach der Eröffnung der Sitzung wird von dem vom Senatsvorsitzenden bezeichneten Richter die Gesetzlichkeitsverwahrung, die angefochtene Entscheidung und vom Akteninhalt alles zur Beurteilung der Gesetzlichkeitsverwahrung Notwendige erläutert.

(2) Nach Beendigung des Sachberichts können der Oberste Staatsan-

walt oder sein Vertreter, sodann der Verteidiger und die Beteiligten im Rahmen der Gesetzlichkeitsverwahrung (§ 287 Abs. 2) das Wort ergreifen. Auf die Schlußvorträge sind Erwiderungen zulässig. Das Recht auf das letzte Wort hat der Beschuldigte.

(3) Hinsichtlich der Eröffnung, Vertagung und Fortsetzung der Sitzung, der Aufrechterhaltung der Sitzungsordnung, ferner des Ausschlusses der Öffentlichkeit und der Bekanntgabe der Entscheidung sind die Vorschriften des VII. und IX. Kapitels entsprechend anzuwenden. Über die Sitzung ist ein Protokoll aufzunehmen.

Die Entscheidungen aufgrund der Gesetzlichkeitsverwahrung

§ 290 (1) Hält das Oberste Gericht die Gesetzlichkeitsverwahrung für begründet, so erklärt es, daß die angefochtene Entscheidung oder ein bestimmter Teil derselben das Gesetz verletzt oder der Grundlage entbehrt.

(2) Das Oberste Gericht hebt die angefochtene Entscheidung auf und verweist die Sache an das Gericht, das in der Sache entschieden hat bzw. an das örtlich und sachlich zuständige Gericht oder an eine andere Behörde, wenn

a) das Gericht nicht ordnungsgemäß besetzt war;

b) an der Entscheidung ein im Sinne des Gesetzes befangener oder ein nicht bis zum Schluß der Verhandlung anwesender Richter beteiligt war;

c) das Gericht seine sachliche Zuständigkeit überschritten oder eine die ausschließliche örtliche Zuständigkit betreffende Rechtsvorschrift verletzt hat;

d) die Zurücknahme der Anklage die Gesetze verletzt hat oder der Grundlage entbehrte.

(3) Im Fall einer anderen Gesetzesverletzung oder wenn die angefochtene Entscheidung der Grundlage entbehrt, kann das Oberste Gericht unter Feststellung dieses Umstands die angefochtene Entscheidung oder einen Teil derselben aufheben und die Sache zur erneuten Verhandlung an das Gericht, dessen Entscheidung angefochten ist, zurückverweisen oder auch einem anderen sachlich und örtlich gleichermaßen zuständigen Gericht zuweisen bzw. im Fall einer Gesetzesverletzung selbst die dem Gesetz entsprechende Entscheidung treffen.

(4) Hebt das Oberste Gericht ein rechtskräftiges Urteil auf und befindet sich der Beschuldigte in Haft, so entscheidet es über die Frage der Fortdauer der Haft; befindet sich der Beschuldigte auf freiem Fuß, so kann es die erforderlichen Zwangsmaßnahmen anordnen.

(5) Ändert das Oberste Gericht die angefochtene Entscheidung zuungunsten des Beschuldigten ab, so verpflichtet es den Beschuldigten zur Zahlung der im Verlauf der Beurteilung der Gesetzlichkeitsverwahrung erwachsenen Kosten des Verfahrens. Wird die angefochtene Entscheidung aufgehoben und die Sache zur erneuten Verhandlung zurückverwiesen, so setzt das Oberste Gericht die Kosten des Verfahrens fest. In den anderen Fällen werden die Kosten des Verfahrens vom Staat getragen.

(6) Im Falle der Aufhebung der angefochtenen Entscheidung sind für das wiederholte Verfahren die Vorschriften des IX. und X. Kapitels anzuwenden.

§ 291 (1) Eine unbegründete Gesetzlichkeitsverwahrung wird vom Obersten Gericht zurückgewiesen.

(2) Die Entscheidung hat mit Ausnahme der Fälle des § 290 Abs. 2 und 3 für die Beteiligten keine Wirkung.

DRITTER TEIL

Die besonderen Verfahrensarten

XIII. Kapitel

Das Jugendstrafverfahren

§ 292 Die Vorschriften dieses Gesetzes sind auf das Jugendstrafverfahren (§ 107 Abs. 1 StGB) mit den Abweichungen dieses Kapitels anzuwenden.

§ 293 (1) Die Vorschriften des Vergehensverfahrens können im Hauptverfahren nicht angewendet werden.

(2) In Jugendstrafsachen kann nicht ohne Verhandlung auf Geldstrafe (XVII. Kapitel) erkannt werden.

Allgemeine Bestimmungen

§ 294 (1) Das Verfahren ist so durchzuführen, daß es der persönlichen Entwicklung des Jugendlichen förderlich ist; dies ist auch bei der Ausübung der Rechte des Jugendlichen zu beachten.

(2) Während des Strafverfahrens ist im Interesse des Jugendlichen - je nach Notwendigkeit - die Anordnung von Hilfs- und Schutzmaßnahmen anzuregen. Ferner sind Maßnahmen gegenüber Personen zu ergreifen, die die Fürsorge und Aufsicht hinsichtlich des Jugendlichen vernachlässigen.

(3) Die Öffentlichkeit ist von der Verhandlung einer Jugendstrafsache außer in den in § 11 bezeichneten Fällen auch dann auszuschließen, wenn dies im Interesse des Jugendlichen geboten ist.

Der Staatsanwalt

§ 295 (1) Die Aufgaben des Staatsanwalts nimmt der vom übergeordneten Staatsanwalt bestimmte Staatsanwalt (Jugendstaatsanwalt) wahr.

(2) Im Jugendstrafverfahren ist eine Privatklage nicht zulässig; der Staatsanwalt übernimmt die Verfolgung auch hinsichtlich der in § 54 bezeichneten Straftaten.

(3) Die Teilnahme des Staatsanwalts an der Verhandlung vor dem erst- und dem zweitinstanzlichen Gericht ist notwendig.

Das Gericht

§ 296 (1) In erster und zweiter Instanz ist - abgesehen vom Obersten Gericht - der dazu bestimmte Senat des Gerichts (als Jugendgericht) zuständig.

(2) Der Vorsitzende des Jugendsenats am erstinstanzlichen Gericht wird vom Justizminister bestimmt. Für das zweitinstanzliche Gericht wird als Vorsitzender ein Mitglied des Jugendsenats vom Justizminister bestimmt.

(3) Am erstinstanzlichen Gericht ist ein Mitglied des Jugendsenats eine Frau, einer der Volksbeisitzer ein Pädagoge.

Die örtliche Zuständigkeit

§ 297 (1) In den zur sachlichen Zuständigkeit des Ortsgerichts gehörenden Jugendsachen ist das Ortsgericht am Sitze des Komitatsgerichts, im Bezirk des Budapester Hauptstädtischen Gerichts das Zentrale Bezirksgericht in Pest örtlich zuständig. Die örtliche Zuständigkeit dieser Gerichte erstreckt sich auf das Gebiet des Komitats bzw. der Hauptstadt.

(2) Der Jugendsenat erkennt auch in Erwachsenensachen, wenn ein Zusammenhang mit einer Jugendsache besteht.

(3) Das nach den allgemeinen Vorschriften örtlich zuständige Gericht ist auch dann zuständig, wenn der Staatsanwalt in einer mit einer Erwachsenensache zusammenhängenden Jugendsache, für die das Ortsgericht sachlich zuständig ist, ausnahmsweise vor diesem Gericht Anklage erhebt. Auch in diesem Fall sind die Vorschriften dieses Kapitels mit Ausnahme der §§ 295 Abs. 1 und 296 anzuwenden.

(4) Wird das Verfahren ausschließlich gegenüber dem Jugendlichen wiederholt, so ist auch im Fall des Absatzes 3 der Jugendsenat zuständig.

Der Verteidiger

§ 298 Im Jugendstrafverfahren ist die Teilnahme eines Verteidigers notwendig.

Der gesetzliche Verterter

§ 299 Der gesetzliche Vertreter kann nach dem Abschluß der Ermittlungen Einsicht in die Strafakten nehmen. Auch während der Ermittlungen kann er in die Akten über Verfahrenshandlungen, bei denen er zugegen sein konnte, Einsicht nehmen. Im übrigen sind für die Rechte des gesetzlichen Vertreters auf Teilnahme, auf Abgabe von Erklärungen, Antragstellung und Unterrichtung die Vorschriften über die Rechte des Verteidigers entsprechend anzuwenden.

§ 300 (1) Bis zur Einreichung der Anklageschrift ersucht die Ermittlungsbehörde bzw. der Staatsanwalt, nach der Einreichung der Anklageschrift das Gericht die Vormundschaftsbehörde um die Bestellung eines Pflegers für den Einzelfall, wenn

a) der gesetzliche Vertreter zusammen mit dem Jugendlichen die Straftat begangen hat bzw. zwischen dem gesetzlichen Vertreter und dem Jugendlichen ein Interessengegensatz besteht;

b) der gesetzliche Vertreter verhindert ist, seine Rechte wahrzunehmen;

c) der Jugendliche keinen gesetzlichen Vertreter hat bzw. dessen Person nicht festzustellen ist.

(2) Im Fall des Absatzes 1 Buchstabe a kann bis zur Einreichung der Anklageschrift der Staatsanwalt, nach der Einreichung der Anklageschrift das Gericht den gesetzlichen Vertreter bis zur Bestellung eines Pflegers für den Einzelfall vom Strafverfahren ausschließen.

(3) Dem Pfleger für den Einzelfall stehen die Rechte eines gesetzlichen Vertreters zu.

Die Beweismittel

§ 301 (1) Zum Zweck der Aufklärung der die Persönlichkeit, die geistige Entwicklung und die Lebensverhältnisse des Jugendlichen kennzeichnenden Umstände ist der Erziehungsberechtigte des Jugendlichen als Zeuge zu vernehmen. Das in § 66 bezeichnete Zeugnisverweigerungsrecht erstreckt sich nicht auf die Mitteilung der diesbezüglichen Angaben.

(2) Das Alter des Jugendlichen ist durch eine öffentliche Urkunde nachzuweisen. Außerdem sind ein Bericht über die Umgebung und eine Charakterisierung des Jugendlichen von seiten der Schule oder des Arbeitsplatzes einzuholen.

Die Untersuchungshaft

§ 302 (1) Die Untersuchungshaft darf gegen einen Jugendlichen, auch wenn die Voraussetzungen des § 92 Abs. 1 vorliegen, nur dann angeordnet werden, wenn dies wegen der besonderen Schwere der Straftat erforderlich ist.

(2) Während der Untersuchungshaft sind Jugendliche von den Erwachsenen zu trennen.

Die Mitteilung der Entscheidung

§ 303 Die Entscheidung ist dem gesetzlichen Vertreter, die Entscheidung in der Sache selbst auch dem Erziehungsberechtigten zuzustellen.

Die Verhandlung

§ 304 (1) Das Gericht kann anordnen, daß die Verhandlung bezüglich des Teils, der die persönliche Entwicklung des Jugendlichen gefährden könnte, in Abwesenheit des Jugendlichen durchgeführt wird. Der Senatsvorsitzende hat den Jugendlichen von dem wesentlichen Ergebnis der in seiner Abwesenheit durchgeführten Verhandlung spätestens vor der in § 212 Abs. 6 bezeichneten Senatssitzung zu unterrichten.

(2) Der Bericht über die Umgebung des Jugendlichen ist in der Verhandlung zu verlesen.

Die Anordnung von Erziehung in einer Besserungsanstalt

§ 305 (1) Das Gericht ordnet die Erziehung des Jugendlichen in einer Besserungsanstalt durch Urteil an, sieht aber von einem Schuldspruch ab.

(2) Der Jugendliche wird zur Erstattung der Kosten des Strafverfahrens verpflichtet.

Das zweitinstanzliche Gerichtsverfahren

§ 306 (1) Im Fall des § 297 Abs. 3 erkennt in zweiter Instanz der Jugendsenat, wenn die gegen die erstinstanzliche Entscheidung eingelegte Berufung ausschließlich den Jugendlichen betrifft.

(2) Die gegen das erstinstanzliche Urteil eingelegte Berufung hat hinsichtlich der Vollstreckung der Erziehung in einer Besserungsanstalt keine aufschiebende Wirkung. Das Gericht kann jedoch mit Rücksicht auf die persönlichen Umstände des Jugendlichen die Vollstreckung aussetzen.

(3) Neben den in § 242 I. genannten Personen kann der gesetzliche Vertreter auch gegen den Willen des Jugendlichen Berufung einlegen.

Die Umwandlung der Geldstrafe in Freiheitsstrafe

§ 307 (1) Hat der Jugendliche eine Geldstrafe als Haupt- oder Zusatzstrafe nicht entrichtet und ist diese uneinbringlich, so entscheidet das Gericht von Amts wegen oder auf Antrag des Staatsanwalts über die Umwandlung der Geldstrafe in eine Freiheitsstrafe.

(2) Eine Berufung gegen den Beschluß über die Umwandlung ist nicht zulässig.

Die Anordnung der Fortsetzung der Erziehung in einer Besserungsanstalt

§ 308 (1) Ist über die Anordnung der Fortsetzung der Erziehung in einer Besserungsanstalt wegen eines erneut gegen den Jugendlichen eingeleiteten Strafverfahrens zu entscheiden, so ist dafür das in der neuen Sache erkennende Gericht zuständig.

(2) Ordnet das Gericht die Fortsetzung der Erziehung in einer Besserungsanstalt nicht an, so trägt der Staat die Kosten des Verfahrens.

Die Fortsetzung der Ausbildung in einer Besserungsanstalt

§ 309 (aufgehoben)

Die nachträgliche Bestimmung der Vollstreckungsstufe der Freiheitsstrafe

§ 310 (aufgehoben)

XIV. Kapitel

Das Verfahren bei Privatklage

§ 311 (1) Die Bestimmungen dieses Gesetzes sind auf das aufgrund einer Privatklage eingeleitete Strafverfahren mit den in diesem Kapitel vorgesehenen Abweichungen anzuwenden.

(2) Der Privatkläger hat die Schuld des Beschuldigten zu beweisen.

Die Rechte des Privatklägers

§ 312 (1) Dem Privatkläger stehen außer den Rechten des Verletzten alle mit der Vertretung der Anklage verbundenen Rechte zu, wenn dieses Gesetz nichts anderes bestimmt.

(2) Bei mehreren Verletzten hängt es von ihrem Übereinkommen ab, wer von ihnen Privatklage erheben soll. Fehlt es an einem Übereinkommen, so ist die Entscheidung des Gerichts maßgebend.

Die Rechte des Staatsanwalts

§ 313 (1) Der Staatsanwalt kann auch im Falle der Privatklage jederzeit Einsicht in die Akten nehmen und in der Verhandlung anwesend sein.

(2) Der Staatsanwalt kann in jedem Verfahrensabschnitt die Vertretung der Anklage vom Privatkläger an sich ziehen; in diesem Fall stehen dem Privatkläger die Rechte des Verletzten zu. Wenn jedoch der Staatsanwalt später auf die Vertretung der Anklage verzichtet, wird die Anklage erneut vom Privatkläger vertreten.

(3) Das Gericht sendet die Akten dem Staatsanwalt zu, wenn

a) aufgrund der Anzeige und der Akten eine Straftat vorzuliegen scheint, bei der die Anklage durch den Staatsanwalt zu vertreten ist;

b) es für notwendig erachtet, daß der Staatsanwalt die Übernahme der Anklage prüft;

c) der Staatsanwalt die Vertretung der Anklage vor der Ladung des Beschuldigten zur persönlichen Anhörung übernommen hat.

(4) Im Fall des Absatzes 3 Buchstabe a ordnet der Staatsanwalt die Einleitung der Ermittlungen an.

(5) Zu einem sachlichen oder örtlichen Zuständigkeitsstreit zwischen Gerichten, zur Bestimmung des zuständigen Gerichts (§ 34) sowie zur Ausschließung eines Richters (§ 42 Abs. 4) ist der Antrag des Staatsanwalts nicht einzuholen.

Die Einleitung des Verfahrens

§ 314 (1) Das Verfahren wird aufgrund einer Anzeige eingeleitet. In dieser ist anzugeben, gegen wen, aufgrund welcher Handlung und welcher Beweise der Anzeigende um die Einleitung des Strafverfahrens ersucht. Die Anzeige ist beim Gericht schriftlich oder mündlich zu erstatten; von der mündlich erstatteten Anzeige ist ein Protokoll aufzunehmen.

(2) Die Ermittlungsbehörde leitet die bei ihr eingegangene Anzeige an das zuständige Gericht weiter. Der Staatsanwalt leitet die Anzeige dem Gericht zu, wenn er die Vertretung der Anklage nicht übernimmt.

(3) In einem Verfahren, das in Fällen von gegenseitiger leichter

Körperverletzung, Verleumdung oder Beleidigung wegen der zum Nachteil der einen Partei verübten Straftat eingeleitet wurde, ist der andere Teil bis zu der in § 212 Abs. 6 bezeichneten Senatssitzung befugt, den Antrag auch dann zu stellen, wenn die Frist zur Antragstellung abgelaufen ist, mit Ausnahme der Fälle, in denen die Verfolgung der Straftat verjährt ist.

(4) Das Gericht entscheidet auch über die Ordnungswidrigkeit der Ehrenbeleidigung, die mit den in Absatz 3 genannten Straftaten gegenseitig verübt wurde.

Die Ermittlungen bei Privatklage

§ 315 (1) Die Einleitung von Ermittlungen wird vom Gericht oder vom Staatsanwalt angeordnet.

(2) Ist der Täter der angezeigten Handlung unbekannt, so ordnet das Gericht die Einleitung von Ermittlungen an und beauftragt mit deren Durchführung die Polizeibehörde. Es kann auch dann die Einleitung von Ermittlungen anordnen, wenn die Auffindung der Beweismittel auf eine andere Weise nicht möglich ist.

(3) Der Staatsanwalt kann die Einleitung von Ermittlungen anordnen, wenn er die Vertretung der Anklage vor der Ladung des Beschuldigten zur persönlichen Anhörung (§ 318 Abs. 1) übernimmt.

§ 316 (1) Nach Durchführung der durch das Gericht angeordneten Ermittlungen sendet die Ermittlungsbehörde die Akten an das Gericht zurück.

(2) Konnte die Person des unbekannten Täters im Verlauf der Ermittlungen nicht festgestellt werden, so stellt die Ermittlungsbehörde die Ermittlungen ein und teilt dies unter Zusendung ihrer Entscheidung der Behörde mit, die die Einleitung der Ermittlungen angeordnet hat.

(3) Nimmt der Privatkläger im Verlauf der vom Gericht angeordneten Ermittlungen die Anklage zurück, so übersendet die Ermittlungsbehörde die Akten und die Stellungnahme des Privatklägers über die Rücknahme der Anklage dem Gericht.

Die Entscheidung ohne persönliche Anhörung

§ 317 Ist es aufgrund der Anklage und des Inhalts der Akten möglich, so entscheidet das Gericht über die Verweisung, Aussetzung und Einstellung des Verfahrens.

Die persönliche Anhörung

§ 318 (1) Sind die in den §§ 313 Abs. 3 bzw. 317 bezeichneten Verfügungen nicht zulässig, so lädt das Gericht die Angezeigten und den Anzeigenden zur persönlichen Anhörung. Der Verteidiger und der Vertreter des Anzeigenden werden hiervon benachrichtigt. Sind in der Sache mehrere Verletzte vorhanden, so sind zur persönlichen Anhörung alle Verletzten zu laden.

(2) In der Ladung ist der Anzeigende (Verletzte) darauf aufmerksam zu machen, daß das Gericht sein unentschuldigtes Ausbleiben als Rücknahme der Anklage ansieht. Der Angezeigte ist unter Hinweis auf den Namen des Anzeigenden und die wesentlichen Merkmale der Straftat zu laden.

(3) An der persönlichen Anhörung können nur die geladenen und benachrichtigten Personen teilnehmen. Zu Beginn der Anhörung stellt das Gericht die Identität des Anzeigenden und des Angeklagten fest, gibt den wesentlichen Inhalt der Anzeige bekannt und weist - wenn die Voraussetzungen vorliegen - den Angezeigten auf die Möglichkeit einer Widerklage hin. Anschließend versucht das Gericht, eine Aussöhnung zwischen dem Anzeigenden und dem Angezeigten herbeizuführen. Bleibt der Aussöhnungsversuch erfolglos, so nimmt das Gericht die Personalien des Angezeigten auf. Danach ist an ihn die Frage zu richten, ob er seine Schuld bekennt bzw. auf welche Beweise er seine Verteidigung stützt. Gegebenenfalls stellt es fest, welcher Verletzte als Privatkläger auftreten wird bzw. bestimmt den betreffenden Privatkläger (§ 312 Abs. 2). Das Gericht fordert ferner den Anzeigenden zur Bezeichnung seiner Beweismittel auf.

(4) Erhebt der Angezeigte Widerklage, so hört das Gericht sowohl den Anzeigenden als auch den Angezeigten an.

(5) Von der persönlichen Anhörung ist ein Protokoll aufzunehmen.

(6) Die nach diesem Paragraphen dem Gericht zustehenden Funktionen können auch durch den Volksbeisitzer und den Gerichtssekretär wahrgenommen werden, die auch die in § 319 Abs. 1 bezeichnete Entscheidung treffen können.

Die Entscheidung aufgrund persönlicher Anhörung

§ 319 (1) Das Gericht stellt das Verfahren ein, wenn der Anzeigende

a) im Anhörungstermin ausbleibt und sich nicht ordnungsgemäß entschuldigt hat oder wenn die Ladung ihm deshalb nicht zugestellt werden konnte, weil er es versäumt hat, die Änderung seiner Anschrift mitzuteilen;

b) die Anzeige zurücknimmt.

(2) Das Gericht kann bei der persönlichen Anhörung alle Fragen entscheiden, die es auch vor der persönlichen Anhörung zu entscheiden befugt war.

(3) Nach Absatz 1 ist auch das aufgrund der Widerklage eingeleitete Verfahren einzustellen, vorausgesetzt, daß die Frist zur Antragstellung bis zum Tag der persönlichen Anhörung schon abgelaufen ist.

Die Anberaumung der Verhandlung

§ 320 In der Ladung ist der Privatkläger darauf aufmerksam zu machen, daß das Gericht sein unentschuldigtes Ausbleiben als Rücknahme der Anklage betrachtet, wenn er nicht für seine Vertretung sorgt.

Die Berufung gegen im Verlauf der Vorbereitung der Verhandlung getroffene Entscheidungen und Verfügungen

§ 321 Die Berufung ist nicht zulässig gegen

a) die Anordnung von Ermittlungen,

b) die Ladung zur persönlichen Anhörung bzw. die Benachrichtigung über die persönliche Anhörung,

c) die Bestimmung des Privatklägers,

d) die in § 313 Abs. 3 bezeichnete Verfügung.

Die an der Verhandlung Beteiligten

§ 322 Erscheint der Privatkläger ohne ordnungsgemäße Entschuldigung nicht in der Verhandlung oder konnte er deswegen nicht geladen werden, weil er die Änderung seiner Anschrift nicht mitgeteilt hat, so ist dies als Rücknahme der Anklage anzusehen.

Verhandlungsleitung und Aufrechterhaltung der Verhandlungsordnung

§ 323 Wird der Privatkläger wegen einer Ordnungsstörung aus dem Sitzungssaal gewiesen bzw. hinausgeführt, so ist ihm spätestens vor Abschluß des Beweisverfahrens das Ergebnis der in der Verhandlung durchgeführten Beweisaufnahme bekanntzugeben. Wird der Vertreter des Privatklägers aus dem Sitzungssaal gewiesen bzw. hinausgeführt, so ist, wenn der Privatkläger in der Verhandlung nicht anwesend ist, die Verhandlung auf Kosten des Störers zu vertagen.

Die Bekanntgabe der Privatklage

§ 324 Hat der Privatkläger keinen Vertreter bzw. der Angeklagte keinen Verteidiger, so gibt ihnen das Gericht den wesentlichen Inhalt der Anklage bzw. der Widerklage bekannt.

Rücknahme der Anklage und Verzicht auf die Vertretung der Anklage

§ 325 (1) Der Privatkläger kann die Anklage bis zur Verkündung der Entscheidung in der Sache zurücknehmen. Er ist nicht verpflichtet, die Rücknahme der Anklage zu begründen. § 319 Abs. 1 Buchstabe a ist auch auf die Verhandlung anzuwenden.

(2) Verzichtet der Staatsanwalt auf die Vertretung der Anklage und ist der Privatkläger anwesend, so ist die Verhandlung fortzuführen. Ist der Privatkläger nicht zugegen, so bestimmt das Gericht unter gleichzeitiger Vertagung der Verhandlung einen neuen Verhandlungstermin und teilt dem Privatkläger mit, daß er die Anklage erneut vertritt.

Der Beschluß über die Einstellung des Verfahrens

§ 326 (1) Hat der Privatkläger die Anklage in der Verhandlung zurückgenommen bzw. ist sein Ausbleiben als Rücknahme der Anklage anzusehen (§ 322), so stellt das Gericht das Verfahren ein. Auch in diesen Fällen ist § 319 Abs. 3 anzuwenden.

(2) Das abgekürzte Protokoll (§ 221) hat die Erklärung des Angeklagten zu enthalten, die den Privatkläger zur Rücknahme der Anklage bewogen hat, sowie die Äußerung des Privatklägers bezüglich der Rücknahme der Anklage.

Das Verfahren vor dem Gericht zweiter Instanz

§ 327 (1) Das erstinstanzliche Gericht legt die Akten dem zweitinstanzlichen Gericht unmittelbar vor.

(2) Das zweitinstanzliche Gericht hebt das erstinstanzliche Urteil im Rahmen einer Senatssitzung auf und stellt das Verfahren ein, wenn dies vom Privatkläger bis zu der zum Zweck der Entscheidung anberaumten Senatssitzung beantragt wird. Auch in diesem Fall ist § 319 Abs. 3 anzuwenden.

Die Kosten des Strafverfahrens

§ 328 (1) Im Fall des § 218 Abs. 1 trägt der Privatkläger die Kosten des Verfahrens. Die Anwendung des § 218 Abs. 2 ist auch dann zulässig, wenn das Gericht das Verfahren aufgrund des § 319 Abs. 1 Buchstabe b, des ersten Satzes des § 325 Abs. 1 oder des § 327 Abs. 2 eingestellt hat.

(2) Hat nur der Privatkläger gegen die erstinstanzliche Entscheidung Berufung eingelegt und wurde die Entscheidung vom zweitinstanzlichen Gericht bestätigt, so verpflichtet das zweitinstanzliche Gericht ihn dazu, die Kosten des zweitinstanzlichen Verfahrens zu tragen.

(3) Im Fall einer Widerklage kann das Gericht auch verfügen, daß beide, der Privat- und der Widerkläger, die von ihnen vorgeschossenen Kosten des Verfahrens tragen.

Das Wiederaufnahmegesuch

§ 329 (1) Der Privatkläger kann nur dann um die Wiederaufnahme des Verfahrens ersuchen, wenn der Beschuldigte freigesprochen oder das Verfahren eingestellt wurde.

(2) Das Wiederaufnahmegesuch ist unmittelbar beim Gericht einzureichen. Ist das Wiederaufnahmegesuch auf die Feststellung einer Straftat gerichtet, hinsichtlich der die Anklage durch den Staatsanwalt vertreten wird, so ist auch die Stellungnahme des Staatsanwalts einzuholen.

XV. Kapitel

Das Militärstrafverfahren

§ 330 Die Vorschriften dieses Gesetzes sind im Militärstrafverfahren mit den Abweichungen dieses Kapitels anzuwenden.

Der Umfang des Militärstrafverfahrens

§ 331 (1) Zur sachlichen Zuständigkeit des Militärgerichts gehört das Verfahren

a) wegen jeder Straftat, die von einer Militärperson (§ 122 Abs. 1 StGB) während der Dauer ihres aktiven Dienstes begangen worden ist,

b) wegen Straftaten, die von Zivilangestellten der Streitkräfte und der bewaffneten Gliederungen im Zusammenhang mit ihren Dienstpflichten begangen worden sind,

c) wegen Straftaten, die von den nicht berufsmäßigen Angehörigen der Arbeitermiliz während ihres Dienstes oder im Zusammenhang damit begangen worden sind.

(2) Die sachliche Zuständigkeit des Militärgerichts erstreckt sich auch auf Personen, die Straftaten gegen die Pflichten der Landesverteidigung (XI. Kapitel StGB) oder andere, das Interesse der Landesverteidigung unmittelbar verletzende oder gefährdende Straftaten begangen haben.

(3) Wird eine Person mehrerer Straftaten beschuldigt, und fällt eine von diesen in die sachliche Zuständigkeit des Militärgerichts, so erstreckt sich, sofern eine Abtrennung nicht angezeigt erscheint, das Verfahren vor dem Militärgericht auf alle Straftaten.

(4) Sind mehrere Beschuldigte vorhanden, so wird das Verfahren vom Militärgericht durchgeführt, wenn hinsichtlich einer Person das Verfahren zur sachlichen Zuständigkeit des Militärgerichts gehört und eine Abtrennung - in Anbetracht des engen Sachzusammenhangs - nicht angezeigt ist; diese Vorschrift erstreckt sich auch auf den Täter einer Begünstigung, den Hehler und die Person, die es pflichtwidrig unterläßt, eine Anzeige zu erstatten.

Die militärischen Ermittlungsbehörden

§ 332 (1) Ermittlungsbehörden sind: der Militärstaatsanwalt sowie in dem durch besondere Rechtsvorschriften festgelegten Umfang der zuständige Befehlshaber (Vorgesetzter) und die Polizei.

(2) Unaufschiebbare Ermittlungshandlungen können von jeder Ermittlungsbehörde vorgenommen werden.

(3) Der Minister, dem die Streitkräfte bzw. die bewaffneten Gliederungen unterstehen, bestimmt im Einverständnis mit dem Obersten Staatsanwalt den zur Durchführung der Ermittlungen örtlich zuständigen Befehlshaber sowie die sachliche Zuständigkeit der militärischen Ermittlungsbehörde; die entsprechende Bestimmung trifft hinsichtlich der Arbeitermiliz der Landesbefehlshaber der Arbeitermiliz.

Der Militärstaatsanwalt

§ 333 (1) Die Aufgaben des Staatsanwalts nimmt der Militärstaatsanwalt wahr.

(2) Der Leiter der Militärstaatsanwaltschaft übt die Befugnisse des Komitatsoberstaatsanwalts aus.

(3) Die Zuständigkeit des Militärstaatsanwalts bestimmt sich nach der Zuständigkeit des Militärgerichts, in dessen Bezirk er tätig ist, bzw. nach der Zuständigkeit der entsprechenden höheren militärischen Einheit, für die er bestellt ist.

(4) Im Militärstrafverfahren ist die Privatklage nicht zulässig; wegen der in § 54 Abs. 1 genannten Straftaten wird die Anklage vom Militärstaatsanwalt vertreten.

Das Militärgericht

§ 334 (1) In erster Instanz erkennt das bei den größeren Garnisonen bzw. höheren militärischen Einheiten tätige Militärgericht.

(2) Im Militärstrafverfahren sind als Berufsrichter - abgesehen von der Beurteilung der gegen die Entscheidung des Obersten Gerichts eingelegten Gesetzlichkeitsverwahrung - Militärrichter tätig.

(3) Die Volksbeisitzer des Militärgerichts können nicht einem niedrigeren Dienstgrad angehören als der Angeklagte.

Sachliche und örtliche Zuständigkeit des Militärgerichts

§ 335 (1) Die sachliche Zuständigkeit des Militärgerichts erstreckt sich auf die zum Militärstrafverfahren gehörenden Sachen.

(2) Die bei größeren Garnisonen errichteten Gerichte werden tätig

a) wegen innerhalb ihres Zuständigkeitsbereichs begangener, jedoch nicht in die Zuständigkeit eines bei einer höheren militärischen Einheit tätigen Gerichts fallender Straftaten;

b) wegen außerhalb ihres Zuständigkeitsbezirks begangener Straftaten, sofern der Standort des für den Täter zuständigen Befehlshabers im Gerichtsbezirk liegt und der Militärstaatsanwalt vor diesem Gericht Anklage erhebt.

(3) Die Zuständigkeit der bei höheren militärischen Einheiten tätigen Gerichte erstreckt sich auf die Straftaten von Angehörigen der entsprechenden höheren Einheiten.

(4) Für ein Verfahren wegen Straftaten, die nach § 29 Abs. 1 unter die ausschließliche Zuständigkeit des Budapester Hauptstädischen Gerichts fallen, ist die ausschließliche Zuständigkeit des Budapester Militärgerichts gegeben.

Die Abstimmung im Senat des Militärgerichts

§ 336 Im Senat des Militärgerichts gibt der Richter des niedrigeren Dienstgrades seine Stimme vor dem Richter der höheren Dienstgrade ab. Bei gleichem Dienstgrad stimmt derjenige zuerst, der später in die Dienststufe vorgerückt ist. Der Senatsvorsitzende gibt seine Stimme als letzter ab.

Der Verteidiger

§ 337 Als Verteidiger kann nur derjenige Rechtsanwalt auftreten, den der Justizminister in die aufgrund der Ermächtigung des § 404 Abs. 1 Buchstabe a erstellte Liste aufgenommen hat.

Die Beiziehung von Sachverständigen

§ 338 Im Militärstrafverfahren ist nach Möglichkeit nur ein in die Liste der militärischen Justizsachverständigen aufgenommener Sachverständiger hinzuzuziehen.

Die vorläufige Festnahme

§ 339 Außer in den Fällen, in denen die Militärperson auf frischer Tat betroffen wird (§ 91 Abs. 1 Buchstabe a), flüchtig ist oder Fluchtgefahr besteht, kann eine vorläufige Festnahme nur durch eine militärische Ermittlungsbehörde oder ein Militärgericht erfolgen.

Die Untersuchungshaft

§ 340 (1) Gegenüber einer Militärperson kann auch in dem Fall Untersuchungshaft angeordnet werden, in dem der Beschuldigte aus einem dienstlichen oder einem disziplinarischen Grund nicht auf freiem Fuß belassen werden kann.

(2) Die Verhaftung einer Militärperson ist auch ihrem Befehlshaber mitzuteilen.

Die strenge Aufsicht

§ 341 (1) Besteht kein Grund zur Verhaftung eines seinen Grundwehrdienst leistenden Soldats, so kann er, wenn dies im Interesse des Verfahrens liegt oder aus disziplinarischen Gründen notwendig ist, unter strenge Aufsicht gestellt werden. Der unter strenge Aufsicht Gestellte kann keinen bewaffneten Dienst verrichten und darf seinen Unterbringungsbereich nicht verlassen.

(2) Bezüglich der Frist und der Verlängerung der strengen Aufsicht sind die Vorschriften über die Untersuchungshaft maßgebend.

Die Anzeige

§ 341 a Im Fall eines Militärvergehens ordnet der zuständige Befehlshaber ein Diszplinarverfahren oder die Einleitung der Ermittlungen an. Die Einleitung der Ermittlungen kann nur aufgrund einer Anzeige (§ 123 StGB) des zuständigen Befehlshabers angeordnet werden.

Die disziplinarische Verfolgung der Straftat

§ 342 (1) Zeigt der zuständige Befehlshaber im Fall eines Militärvergehens die Militärperson nicht an (§ 123 StGB), so ordnet er im Rahmen eines Disziplinarverfahrens eine Disziplinarstrafe an.

(2) Lehnt der Militärstaatsanwalt im Fall eines Militärvergehens

die Einleitung von Ermittlungen ab oder stellt er diese ein, so legt er die Akten dem für die disziplinarische Verfolgung zuständigen Befehlshaber vor, wenn dieser keine Anzeige (§ 123 StGB) erstattet.

(3) Fehlt die zur Durchführung des Verfahrens nötige Anzeige (§ 123 StGB), so überweist das Militärgericht die Sache entweder in der vorbereitenden Sitzung oder in der Verhandlung bei gleichzeitiger Einstellung des Verfahrens dem zur Durchführung des Disziplinarverfahrens zuständigen Befehlshaber.

(4) Hat das erstinstanzliche Gericht die Entscheidung trotz Fehlens der Anzeige (§ 123 StGB) getroffen, so hebt das zweitinstanzliche Gericht das Urteil des Militärgerichts auf, stellt das Strafverfahren ein und übersendet die Akten dem zur disziplinarischen Verfolgung zuständigen Befehlshaber.

§ 342 a (1) Lehnt der zuständige Befehlshaber die Einleitung von Ermittlungen ab oder stellt er diese aufgrund des § 125 StGB bzw. des § 18 EGStGB ein, so kann er im Rahmen eines Disziplinarverfahrens eine Disziplinarstrafe anordnen. Der Befehlshaber teilt die Entscheidung über die Ablehnung bzw. Einstellung der Ermittlungen dem Militärstaatsanwalt und dem Verletzten mit. Im Fall eines Militärvergehens stehen die in § 18 Abs. 1 Buchstabe d bestimmten Befugnisse dem Militärstaatsanwalt nicht zu.

(2) Ergibt sich die Möglichkeit einer Disziplinarstrafe aufgrund des § 125 StGB bzw. des § 18 EGStGB im Verfahren des Militärstaatsanwalts oder des Militärgerichts, so sind die Vorschriften des § 342 Abs. 2 bis 4 maßgebend.

(3) Die Vorschriften der Absätze 1 und 2 sind auch dann entsprechend anzuwenden, wenn die Handlung der Militärperson nur eine Ordnungswidrigkeit darstellt, das Verfahren jedoch wegen einer Straftat eingeleitet wurde.

Die Kosten des Strafverfahrens

§ 343 In einem gegen einen seinen Grundwehrdienst leistenden Soldaten eingeleiteten Strafverfahren trägt der Staat die Kosten des Verfahrens - mit Ausnahme der Barauslagen und der Gebühren für den bevollmächtigten Verteidiger und den Vertreter des Verletzten sowie der im

Zusammenhang mit der in der Strafvollzugsanstalt vollstreckten Freiheitsstrafe erwachsenen Kosten.

Der Ausschluß der Anwendung der Vorschriften über das Jugendstrafverfahren

§ 344 Auf Militärpersonen sind die Vorschriften des XIII. Kapitels nicht anwendbar.

XVI. Kapitel

Die gerichtliche Vorführung

§ 345 Die Vorschriften dieses Gesetzes sind im Fall der gerichtlichen Vorführung mit den Abweichungen dieses Kapitels anzuwenden.

Die Voraussetzungen der gerichtlichen Vorführung

§ 346 Ist die Beurteilung der Sache einfach, stehen die Beweise zur Verfügung und wurde der Beschuldigte auf frischer Tat betroffen oder hat er die Begehung der Straftat gestanden, so kann der Beschuldigte wegen einer in die sachliche Zuständigkeit des Ortsgerichts bzw. des Militärgerichts fallenden, vom Gesetz nicht mit schwererer Strafe als fünf Jahre Freiheitsentzug bedrohten Straftat binnen sechs Tagen, von der Begehung der Straftat an gerechnet, dem Gericht vorgeführt werden.

Die Ermittlungen

§ 347 (1) Die Ermittlungen sind nach den Vorschriften des Vergehensverfahrens (VI. Kapitel, II. Titel) durchzuführen; die Bekanntgabe des Inhalts der Ermittlungsakten (§ 142) kann jedoch unterbleiben. Die Festnahme dauert bis zum Schluß der ersten Verhandlung, länger als 72 Stunden jedoch nur mit Zustimmung des Staatsanwalts.

(2) Nach Abschluß der Ermittlungen übersendet die Ermittlungsbehörde die Akten dem Staatsanwalt zum Zweck der gerichtlichen Vorführung des Täters.

(3) Der Staatsanwalt prüft die Akten unverzüglich. Er teilt, sofern die Voraussetzungen vorliegen, dem Beschuldigten mit, wegen welcher Straftat und aufgrund welcher Beweise er gerichtlich vorgeführt werden

soll. Hat der Beschuldigte keinen Verteidiger, so bestellt er einen. Er sorgt dafür, daß der Verteidiger Einsicht in die Akten nehmen und mit dem festgenommenen Beschuldigten vor der Verhandlung sprechen kann.

(4) Liegen die Voraussetzungen für eine gerichtliche Vorführung nicht vor oder läßt der Staatsanwalt den Beschuldigten aus einem anderen Grund nicht gerichtlich vorführen, so erhebt er Anklage oder sendet die Akten zur Durchführung der Ermittlungen an die Ermittlungsbehörde zurück.

(5) Der Staatsanwalt verständigt - ohne eine Anklageschrift einzureichen - unverzüglich das Gericht von der gerichtlichen Vorführung.

Die Vorbereitung der Verhandlung

§ 348 (1) Der Staatsanwalt läßt den Beschuldigten durch die Ermittlungsbehörde oder auf eine andere Weise gerichtlich vorführen, lädt den Verteidiger unverzüglich zur Verhandlung und trägt dafür Sorge, daß die Beweismittel in der Verhandlung zur Verfügung stehen.

(2) Die Vorschriften des VIII. Kapitels sind im Fall der gerichtlichen Vorführung nicht anwendbar.

Das erstinstanzliche Verfahren

§ 349 (1) In der Verhandlung ist die Teilnahme des Staatsanwalts und des Verteidigers notwendig.

(2) Der Staatsanwalt trägt die Anklage mündlich vor, sodann übergibt er die Akten und Beweismittel dem Gericht.

(3) Sind seit der Begehung der Straftat bis zur gerichtlichen Vorführung mehr als sechs Tage vergangen, sieht das Gesetz eine schwerere Strafe als fünf Jahre Freiheitsentzug vor, stellt das Gericht fest, daß Sicherungsverwahrung angeordnet werden kann oder ist nach dem Ergebnis der in der Verhandlung durchgeführten Beweisaufnahme eine Ergänzung der Ermittlung notwendig, so sendet das Gericht die Akten dem Staatsanwalt zurück. In diesem Fall entscheidet das Gericht über die Festnahme des Beschuldigten. Gegen die Zurücksendung der Akten ist eine Berufung nicht zulässig.

(4) Das Gericht kann die Verhandlung nur einmal um höchstens sechs Tage vertagen. Stehen die Beweise nicht zur Verfügung und kann

deshalb die Verhandlung binnen sechs Tagen nicht fortgesetzt werden bzw. ist eine erneute Vertagung notwendig, so sendet das Gericht die Akten dem Staatsanwalt zurück.

(5) Im Fall der Abänderung oder der Erweiterung der Anklage kann die Verhandlung dann fortgesetzt werden, wenn die Voraussetzungen für eine gerichtliche Vorführung auch bei der abgeänderten oder erweiterten Anklage vorliegen. Sonst sendet das Gericht die Akten dem Staatsanwalt zurück.

(6) Das Urteil ist binnen drei Tagen schriftlich abzusetzen.

Das zweitinstanzliche Verfahren

§ 349 a Das zweitinstanzliche Gericht hebt das Urteil in einer Senatssitzung auf und übersendet die Akten dem Staatsanwalt, wenn

a) seit der Begehung der Straftat bis zur gerichtlichen Vorführung mehr als sechs Tage verstrichen sind;

b) das Gesetz eine schwerere Strafe als fünf Jahre Freiheitsentzug vorsieht;

c) es feststellt, daß die Sicherungsverwahrung des Angeklagten angeordnet werden kann.

XVII. Kapitel

Die Verhängung einer Geldstrafe ohne Verhandlung

§ 350 Im Falle der Verhängung einer Geldstrafe ohne Verhandlung wendet das Gericht - mit den Abweichungen dieses Kapitels - die Vorschriften des Vergehensverfahrens an.

§ 351 (1) Ist eine dem Vergehensverfahren zuzuordnende Straftat von geringfügiger Bedeutung, ermöglicht das Gesetz die Verhängung einer Geldstrafe, ist der Sachverhalt einfach, hat der Angeklagte die Begehung der Straftat gestanden und erscheint dem Gericht der Strafzweck auch ohne die Durchführung einer Verhandlung erreichbar, so erkennt das Gericht auf Antrag des Staatsanwalts - bei Antragsdelikten von Amts wegen - gegen den auf freiem Fuß befindlichen Angeklagten durch Beschluß auf Verhängung einer Geldstrafe, ohne eine Verhandlung anzuberaumen.

(2) In Sachen, in denen eine Verfolgung nur auf Antrag stattfindet, ist die Verhängung einer Geldstrafe ohne Verhandlung nach der persönlichen Anhörung bis zur Anberaumung der Verhandlung zulässig.

§ 352 (1) Das Gericht kann in dem Beschluß auch auf Untersagung der Ausübung eines bestimmten Berufes, ein Fahrverbot und auf Einziehung erkennen, zur Bezahlung des der Einziehung entsprechenden Wertes verpflichten bzw. den zivilrechtlichen Anspruch zubilligen oder den Verletzten zur Geltendmachung seines zivilrechtlichen Anspruchs auf einen anderen Rechtsweg verweisen.

(2) Der Angeklagte ist zur Zahlung der Kosten des Verfahrens zu verpflichten.

(3) Der ohne Verhandlung ergangene Beschluß hat in seinem verfügenden Teil folgendes zu enthalten:

a) die Bezeichnung der Straftat,

b) die verhängte Geldstrafe,

c) die sonstigen aufgrund einer Rechtsvorschrift vom Gericht getroffenen Entscheidungen,

d) eine Belehrung über den Inhalt der §§ 353 und 355.

4) Für die Begründung des Beschlusses ist § 221 Abs. 1 entsprechend anwendbar.

§ 353 (1) Gegen den ohne Verhandlung ergangenen Beschluß ist die Berufung nicht zulässig; der Staatsanwalt, der Angeklagte, der Verteidiger, die Privatpartei und die übrigen Beteiligten können binnen acht Tagen nach der Zustellung um Durchführung einer Verhandlung ersuchen. Aufgrund eines solchen Gesuchs führt das Gericht eine Verhandlung durch.

(2) Der Staatsanwalt kann nicht um Durchführung einer Verhandlung ersuchen mit der Begründung, daß das Gericht aufgrund des § 350 vorgegangen sei und eine Geldstrafe verhängt habe.

(3) Nur die Privatpartei kann wegen der den zivilrechtlichen Anspruch sachlich erledigenden Entscheidung, die übrigen Beteiligten können wegen der die Einziehung betreffenden Entscheidung um Durchführung einer Verhandlung ersuchen. Ersucht nur die Privatpartei um Durchführung einer Verhandlung, so hebt das Gericht den den zivilrechtlichen

Anspruch betreffenden Teil der Entscheidung auf und verweist zur Geltendmachung des Anspruchs auf einen anderen Rechtsweg.

(4) Das Gesuch um Durchführung einer Verhandlung hat bezüglich der Vollstreckung des Beschlusses - mit Ausnahme des in § 354 Abs. 2 bezeichneten Falles - aufschiebende Wirkung.

§ 354 (1) Nach Verhandlungsbeginn gibt das Gericht den ohne Verhandlung ergangenen Beschluß und das Gesuch um Durchführung einer Verhandlung bekannt.

(2) Wurde in dem in § 353 Abs. 3 bezeichneten Fall um Durchführung einer Verhandlung ersucht oder hat der Staatsanwalt, der Angeklagte oder der Verteidiger gegen den die Einziehung oder die Bezahlung des der Einziehung entsprechenden Wertes oder nur gegen den den zivilrechtlichen Anspruch betreffenden Teil des Beschlusses einen Einwand erhoben, so entscheidet das Gericht in der Verhandlung nur über diese Frage.

(3) Das Gericht ist an den ohne Verhandlung ergangenen Beschluß nicht gebunden; entsprechend dem Ergebnis der Verhandlung bestätigt oder hebt es den Beschluß auf und fällt eine neue Entscheidung. Die Berufung gegen diese Entscheidung hat aufschiebende Wirkung.

§ 355 (1) Das Gesuch um Durchführung einer Verhandlung kann vom Gesuchsteller bis zum Verhandlungsbeginn zurückgenommen werden.

(2) Bleibt die Person, die um Durchführung einer Verhandlung ersucht hat, in der Verhandlung aus und führt sie zur Entschuldigung für ihr Ausbleiben nicht im voraus einen triftigen Grund an, so ist dies als Rücknahme des Gesuchs anzusehen. Diese Vorschrift ist nicht auf den Staatsanwalt anwendbar.

§ 355 a Das zweitinstanzliche Gericht hebt den ohne Verhandlung ergangenen Beschluß auf und weist das erstinstanzliche Gericht zur Durchführung eines neuen Verfahrens an, wenn

a) der Beschluß ergangen ist, ohne daß der in § 351 Abs. 1 vorgesehene Antrag gestellt war;

b) die Straftat nicht unter das Vergehensverfahren fiel.

VIERTER TEIL

XVIII. Kapitel

Verfahren für Sonderfälle

I. Titel

Allgemeine Bestimmungen

§ 356 (1) Die Vorschriften dieses Gesetzes sind auf die Verfahren für Sonderfälle mit den Abweichungen dieses Kapitels anzuwenden.

(2) Bei den Verfahren für Sonderfälle ist - mangels entgegengesetzter Vorschriften -

a) das Verfahren von Amts wegen oder auf Antrag des Staatsanwalts, des Beschuldigten bzw. des Verteidigers einzuleiten;

b) das Verfahren vor dem Gericht durchzuführen, das vor der Einleitung des betreffenden Verfahrens in der Sache (Grundsache) eine erstinstanzliche Entscheidung getroffen hat;

c) das Verfahren vom Einzelrichter ohne die Mitwirkung von Volksbeisitzern durchzuführen;

d) vom Gericht aufgrund der Akten zu entscheiden; gegebenenfalls sind der Staatsanwalt, der Beschuldigte und der Verteidiger anzuhören. Im Fall der Beweisaufnahme ist eine Verhandlung durchzuführen;

e) über die Anhörung des Staatsanwalts, des Beschuldigten und des Verteidigers ein Protokoll aufzunehmen;

f) gegen die Gerichtsentscheidung Berufung von seiten des Staatsanwalts, des Beschuldigten und des Verteidigers zulässig;

g) die gegen das erstinstanzliche Urteil eingelegte Berufung durch das zweitinstanzliche Gericht im Rahmen einer Senatssitzung zu überprüfen;

h) der Beschuldigte zur Begleichung der Kosten des Strafverfahrens zu verpflichten, wenn er in der Grundsache zur Tragung der Kosten des Strafverfahrens verpflichtet wurde.

(3) Kosten des Strafverfahrens in Ansehung dieses Kapitels sind alle im besonderen Strafverfahren vom Staat vorgeschossenen Kosten bzw. Auslagen (§ 120 Abs. 1).

(4) Bei den Verfahren für Sonderfälle können im Interesse der Abhaltung der Verhandlung oder der Anhörung gegen den sich an einem unbekannten Ort aufhaltenden Beschuldigten die in § 119 geregelten Maßnahmen angeordnet werden; ein Haftbefehl kann dann erlassen werden, wenn infolge des Verfahrens für Sonderfälle Freiheitsentzug angeordnet werden kann. Wurde Haftbefehl erlassen, so kann der Beschuldigte im Fall seiner Auffindung in Haft genommen werden. Die Haft kann bis zur Beendigung der Verhandlung bzw. der Anhörung, höchstens aber bis zu sechs Tagen dauern.

II. Titel

Die einzelnen Verfahrensarten für Sonderfälle

Die nachträgliche Bestimmung der Vollstreckungsart der Freiheitsstrafe

§ 357 Das Gericht entscheidet nachträglich über die Vollstreckungsart des Freiheitsentzugs (§§ 41 Abs. 1, 111 Abs. 2 StGB), wenn im rechtskräftigen Urteil darüber nicht oder nicht dem Gesetz entsprechend verfügt wurde. Die aufgrund des § 45 Abs. 2 StGB getroffenen Verfügungen können nicht ersetzt bzw. überprüft werden.

Die Entscheidung über eine mildere Vollstreckungsart

§ 358 (aufgehoben).

Die nachträgliche Abänderung der Anordnung einer bedingten Entlassung

§ 359 Wurde in einem rechtskräftigen Urteil hinsichtlich der bedingten Entlassung nicht dem Gesetz entsprechend eine Verfügung getroffen, so entscheidet das Gericht nachträglich.

Die bedingte Entlassung

§ 360 (aufgehoben).

Die Aufhebung der bedingten Entlassung

§ 361 (aufgehoben).

§ 362 Das Gericht entscheidet nachträglich über die Aufhebung der bedingten Entlassung, wenn dasjenige Gericht, das eine während der Zeit der bedingten Entlassung begangene Straftat abgeurteilt hat, zu dieser Frage nicht entschieden hat (§ 220 Abs. 1 Buchstabe c).

Zuweisung eines anderen Arbeitsplatzes oder einer anderen Arbeit zur Durchführung der Besserungs-Erziehungsarbeit

§ 363 (aufgehoben).

Die Feststellung der Nichtvollstreckbarkeit der Besserungs-Erziehungsarbeit

§ 364 (aufgehoben).

§ 365 Das Gericht entscheidet nachträglich über die Aufhebung des die Nichtvollstreckbarkeit der Besserungs-Erziehungsarbeit feststellenden Beschlusses, wenn hierüber das mit der neuen Straftat befaßte Gericht keine Verfügung getroffen hat (§ 220 Abs. 1 Buchstabe c).

Die Umwandlung der Besserungs-Erziehungsarbeit in Freiheitsentzug

§ 366 (1) Das Gericht entscheidet über die Umwandlung der Besserungs-Erziehungsarbeit in Freiheitsentzug auf Antrag des Staatsanwalts in einer Verhandlung.

(2) Gibt das Gericht dem Antrag des Staatsanwalts statt, so setzt es die Höhe des an die Stelle der Besserungs-Erziehungsarbeit tretenden Freiheitsentzugs fest. Besteht kein Grund zur Umwandlung, so kann das Gericht eine andere Arbeitsstelle oder eine andere Tätigkeit bestimmen.

(3) Wird dem Antrag des Staatsanwalts nicht stattgegeben, so trägt der Staat die Kosten des Verfahrens.

(4) Die Berufung gegen den die Umwandlung der Besserungs-Erziehungsarbeit betreffenden Beschluß hat aufschiebende Wirkung.

Nachträgliche Festsetzung von Freiheitsentzug anstelle einer Geldstrafe als Nebenstrafe

§ 367 Das Gericht entscheidet nachträglich, wenn das rechtskräftige Urteil für den Fall der Uneinbringlichkeit keine oder eine dem Gesetz nicht entsprechende Anordnung über die Umwandlung der Geldstrafe als Nebenstrafe in Freiheitsentzug enthält.

Die Umwandlung der Geldstrafe in Freiheitsentzug

§ 368 (1) Hat der Verurteilte die Geldstrafe als Haupt- oder Nebenstrafe nicht entrichtet, so entscheidet das Gericht von Amts wegen oder auf Antrag des Staatsanwalts über die Umwandlung der Geldstrafe in Freiheitsentzug.

(2) Eine Berufung gegen den die Umwandlung bestimmenden Beschluß ist nicht zulässig.

Die nachträgliche Verhängung von Nebenstrafen

§ 369 (1) Wird die Todesstrafe durch Begnadigung in eine Freiheitsstrafe umgewandelt, so entscheidet das Gericht über die Verhängung von Nebenstrafen.

(2) Das Gericht verhängt die Nebenstrafen durch Urteil.

Die nachträgliche Anrechnung der Entziehung der Fahrerlaubnis

§ 370 Das Gericht entscheidet nachträglich, wenn das rechtskräftige Urteil keine oder eine dem Gesetz nicht entsprechende Anordnung über die Anrechnung der Dauer der Entziehung der Fahrerlaubnis auf die Dauer des Fahrverbots enthält.

Befreiung von der endgültigen Untersagung der Berufsausübung und von der endgültigen Entziehung der Fahrerlaubnis

§ 370 a (1) Der Verurteilte kann Befreiung von der endgültigen Untersagung der Berufsausübung und von der endgültigen Entziehung der Fahrerlaubnis bei dem im Grundverfahren in erster Instanz erkennenden Gericht ersuchen.

(2) Das Gericht holt vor der Entscheidung über das Ersuchen die Stellungnahme des Staatsanwalts ein. Fehlen die gesetzlichen Vorausset-

zungen der Befreiung, so wird das Ersuchen vom Gericht abgelehnt; andernfalls wird in der Sache selbst entschieden.

Die nachträgliche Ausdehnung der Vermögenseinziehung

§ 371 (1) Über eine nachträgliche Ausdehnung der Vermögenseinziehung entscheidet das Gericht auf Antrag des Staatsanwalts.

(2) Gegen die Gerichtsentscheidung ist die Berufung nicht zulässig, jedoch können der Staatsanwalt, der Verurteilte, der Verteidiger und die vom Antrag betroffenen Personen binnen acht Tagen nach der Zustellung des Beschlusses um Durchführung einer Verhandlung ersuchen.

(3) Das Gericht führt auf das Gesuch hin eine Verhandlung durch. Die in Absatz 2 genannten Personen sind von der Verhandlung zu benachrichtigen. Auf die Verhandlung sind die Vorschriften des XVII. Kapitels sinngemäß anwendbar.

(4) Gegen den in der Verhandlung gefaßten Beschluß können auch die übrigen Betroffenen Berufung einlegen.

(5) Wird dem Antrag nicht stattgegeben, so trägt der Staat die Kosten des Verfahrens.

(6) Die Berufung gegen den in der Verhandlung über eine Ausdehnung der Vermögenseinziehung gefaßten Beschluß hat aufschiebende Wirkung.

Die Abänderung der die Vermögenseinziehung betreffenden Anordnung

§ 372 (1) Hat das Gericht im Zivilprozeß einem Anspruch auf einen bestimmten einzelnen Vermögensgegenstand stattgegeben hinsichtlich dessen auf Vermögenseinziehung erkannt wurde, so entscheidet über die Abänderung der Vermögenseinziehung das Gericht, das mit dem Grundverfahren befaßt war.

(2) Das Gericht hebt in seiner Entscheidung den die Vermögenseinziehung betreffenden Teil des Urteils auf und erkennt auf Vermögenseinziehung hinsichtlich eines anderen bestimmten einzelnen Vermögensgegenstandes.

(3) Die Berufung gegen den die Vermögenseinziehung abändernden Beschluß hat aufschiebende Wirkung.

Die Überprüfung der Zwangsheilbehandlung

§ 373 (1) Über die Überprüfung der Anordnung der Zwangsheilbehandlung entscheidet das Gericht in einer Senatssitzung. Hat in erster Instanz ein Gericht erkannt, das seinen Sitz nicht in Budapest hat, so ist für die Überprüfung das Zentrale Bezirksgericht in Pest, hat in erster Instanz ein Komitatsgericht erkannt, so ist das Hauptstädtische Gericht örtlich zuständig.

(2) Das Gericht überprüft von Amts wegen vor Ablauf eines Jahres nach dem Beginn der Zwangsheilbehandlung die Notwendigkeit der weiteren Zwangsheilbehandlung. Wird die Zwangsheilbehandlung nicht aufgehoben, so wiederholt das Gericht die Überprüfung jährlich.

(3) Eine Überprüfung der Zwangsheilbehandlung findet auf Antrag des Staatsanwalts, auf Ersuchen der in Zwangsheilbehandlung befindlichen Person, ihres Ehegatten, gesetzlichen Vertreters oder Verteidigers, ferner auch auf Vorschlag des Leiters der die Zwangsheilbehandlung durchführenden Anstalt statt. Das Gericht kann die Überprüfung der Zwangsheilbehandlung auf ein Ersuchen ablehnen, wenn eine solche innerhalb der letzten sechs Monate stattgefunden hat.

(4) Vor der Überprüfung ist ein ärztliches Gutachten einzuholen.

(5) Gegen die die Überprüfung der Zwangsheilbehandlung betreffende Entscheidung können auch der Ehegatte und der gesetzliche Vertreter des in Zwangsheilbehandlung Befindlichen Berufung einlegen.

Das Verfahren im Fall einer Freistellung zur Probe

§ 374 (1) Verstößt die zur Probe freigestellte Person gegen die Verhaltensregeln der Bewährungsaufsicht, so entscheidet das Gericht in einer Verhandlung von Amts wegen oder auf Antrag des Staatsanwalts über die Verlängerung der Probezeit oder über die Aufhebung der Freistellung zur Probe (§ 73 Abs. 1 und 2 StGB). Im Fall eines Jugendlichen ist der dazu bestimmte Senat des Gerichts (§ 296) zuständig.

(2) Wird gegen die zur Probe freigestellte Person während der Probezeit ein neues Strafverfahren eingeleitet, so sind die Strafsachen zu verbinden, und es erkennt das im neueren Verfahren örtlich zuständige Gericht. Auf Antrag des Staatsanwalts kann aber auch dasjenige Gericht erkennen, das die Freistellung zur Probe angeordnet hat.

(3) Auf die Berufung gegen die Gerichtsentscheidung sind die Vorschriften des X. Kapitels anzuwenden.

Das Verfahren bei der Einziehung

§ 375 (1) Wenn nach dem Strafgesetz eine Einziehung, eine Verpflichtung zum Ausgleich eines Vermögensvorteils oder zur Bezahlung eines der Einziehung entsprechenden Wertes anzuordnen ist, das Verfahren jedoch nicht eingeleitet oder eingestellt oder deshalb ausgesetzt wurde, weil sich der Beschuldigte an einem unbekannten Ort oder aber rechtmäßig im Ausland aufhielt bzw. geisteskrank war, so entscheidet auf Antrag des Staatsanwalts das Gericht.

(2) Für das Verfahren ist dasjenige Gericht zuständig, das zur Aburteilung der die Grundlage der Einziehung bildenden Straftat sachlich und örtlich zuständig wäre; ist dieses nicht zu ermitteln, so ist das Gericht zuständig, bei welchem der Staatsanwalt seinen Antrag gestellt hat.

(3) Gegen die Gerichtsentscheidung ist die Berufung nicht zulässig; jedoch können der Staatsanwalt und die vom Antrag betroffenen Personen binnen acht Tagen nach Zustellung des Beschlusses um Durchführung einer Verhandlung ersuchen.

(4) Der Staatsanwalt und die vom Antrag Betroffenen sind von der Verhandlung zu benachrichtigen; sind sie jedoch unbekannt oder befinden sie sich an einem unbekannten Ort, so hat das Gericht für sie einen Vertreter zu bestellen.

(5) Auf die Verhandlung sind die Bestimmungen des XVII. Kapitels sinngemäß anwendbar. Hinsichtlich der Kosten des Verfahrens gelten die allgemeinen Bestimmungen (§§ 217 bis 219) entsprechend. Gegen den in der Verhandlung gefaßten Beschluß kann auch der Betroffene Berufung einlegen; die Berufung hat aufschiebende Wirkung.

(6) Die nach Absatz 1 und 2 dem Gericht obliegenden Aufgaben können auch durch den Gerichtssekretär wahrgenommen werden; er hat aber nicht das Recht, eine Verhandlung durchzuführen.

Die nachträgliche Anordnung der Einziehung

§ 376 (1) Hat das Gericht in dem aufgrund der Verhandlung gefaßten Beschluß in der Sache selbst über die Einziehung, die Verpflichtung zum Ausgleich eines Vermögensvorteils bzw. zur Bezahlung eines der Einziehung entsprechenden Wertes nicht verfügt, so wird hierüber auf Antrag des Staatsanwalts oder von Amts wegen nachträglich entschieden. Für das Gerichtsverfahren ist § 375 Abs. 3 anzuwenden.

(2) Führt das Gericht eine Verhandlung durch, so sind der Staatsanwalt, der Beschuldigte, der Verteidiger und die vom Antrag betroffenen Personen zu benachrichtigen. Auf die Verhandlung sind die Bestimmungen des XVII. Kapitels entsprechend anwendbar.

(3) Gegen den in der Verhandlung gefaßten Beschluß kann der Betroffene Berufung einlegen; die Berufung hat aufschiebende Wirkung.

Die nachträgliche Anordnung der Vollstreckung einer zur Bewährung ausgesetzten Strafe

§ 377 (1) Das Gericht ordnet die Vollstreckung einer zur Bewährung ausgesetzten Strafe auf Antrag des Staatsanwalts oder von Amts wegen an, wenn

a) es während der Bewährungszeit feststellt, daß eine Aussetzung aus den unter § 90 StGB aufgeführten Gründen nicht zulässig war;

b) der Verurteilte wegen einer während der Bewährungszeit begangenen Straftat zu einer der in § 91 Abs. 1 Buchstabe b oder Abs. 2 StGB genannten Strafen verurteilt oder die wegen einer solchen Straftat verhängte Besserungs-Erziehungsarbeit in Freiheitsentzug umgewandelt wurde und das hinsichtlich der neuen Straftat erkennende Gericht eine Bestimmung über die Vollstreckung nicht getroffen hat;

c) der Täter gegen Verhaltensregeln der Bewährungsaufsicht schwerwiegend verstoßen hat.

(2) Im Fall des Absatzes 1 Buchstabe c entscheidet das Gericht in einer Verhandlung.

(3) Wird die Vollstreckung der zur Bewährung ausgesetzten Strafe nicht angeordnet, so trägt der Staat die Kosten des Verfahrens.

(4) Die Berufung gegen den die Vollstreckung der ausgesetzten Strafe anordnenden Beschluß hat aufschiebende Wirkung.

Die Bildung der Gesamtstrafe

§ 378 (1) Für die Bildung einer Gesamtstrafe ist, falls die Strafen von sachlich gleichermaßen zuständigen Gerichten ausgesprochen wurden, dasjenige Gericht zuständig, das mit der zuletzt abgeschlossenen Sache in erster Instanz befaßt war; andernfalls hat das Gericht mit der höheren sachlichen Zuständigkeit zu entscheiden. Hat wegen einer Straftat in erster Instanz das Oberste Gericht oder ein für die Beurteilung der Straftat örtlich ausschließlich zuständiges Gericht erkannt, so bestimmt das Oberste bzw. das örtlich ausschließlich zuständige Gericht die Gesamtstrafe.

(2) Das Gericht entscheidet über die Gesamtstrafenbildung durch Urteil und über ihre Ablehnung durch Beschluß. Im Urteil kann das Gericht auch die in den §§ 357 und 359 bezeichneten Anordnungen treffen.

(3) Die für das Verfahren vor dem zur Gesamtstrafenbildung befugten Gericht erteilte Vollmacht des Verteidigers bzw. seine Bestellung erstreckt sich auch auf das Verfahren der Gesamtstrafenbildung.

(4) Wird keine Gesamtstrafe gebildet, so trägt der Staat die Kosten des Verfahrens.

Die nachträgliche Anrechnung einer früheren Freiheitsentziehung

§ 379 Enthält das rechtskräftige Urteil keine oder eine dem Gesetz nicht entsprechende Anordnung über die Anrechnung einer früheren Freiheitsentziehung, so entscheidet das Gericht nachträglich.

Die Verlängerung der Untersuchungshaft

§ 380 (1) Ist die Verlängerung einer vom Staatsanwalt angeordneten oder bestätigten Untersuchungshaft über ein Jahr hinaus notwendig (§ 95 Abs. 1), so stellt der Oberste Staatsanwalt beim Obersten Gericht einen entsprechenden Antrag.

(2) Ist die vom Obersten Gericht festgesetzte Frist der Untersuchungshaft abgelaufen und hat der Staatsanwalt noch keine Anklageschrift eingereicht, so wendet sich der Oberste Staatsanwalt zum Zweck einer

erneuten Verlängerung der Untersuchungshaft an das Oberste Gericht.

(3) Ist die Überprüfung der Untersuchungshaft erforderlich, weil seit der gerichtlichen Anordnung oder Aufrechterhaltung der Untersuchungshaft bereits ein Jahr vergangen ist (§ 95 Abs. 3), so legt das Gericht, bei dem das Verfahren anhängig ist, die Akten dem Obersten Gericht vor. Hat das Oberste Gericht zur Frage der Untersuchungshaft - abgesehen von der Überprüfung - schon entschieden, so berechnet sich die Frist vom Tage dieser Entscheidung des Obersten Gerichts an.

(4) Ist seit Erlaß der die Überprüfung der Untersuchungshaft betreffenden Entscheidung des Obersten Gerichts mehr als ein Jahr vergangen, so überprüft das Oberste Gericht erneut die Untersuchungshaft. Absatz 3 Satz 2 ist auch in diesem Fall anzuwenden.

Die gerichtliche Straftilgung

§ 381 (1) Der Verurteilte bzw. sein gesetzlicher Vertreter können um nachträgliche gerichtliche Straftilgung bei demjenigen Gericht ersuchen, das mit dem Grundverfahren in erster Instanz befaßt gewesen ist. Im Fall mehrerer Verurteilungen entscheidet das Gericht der höheren Zuständigkeit, bei Gerichten gleicher Zuständigkeit dasjenige, das die schwerste Strafe verhängt hat; sind die Strafen gleich schwer, so kann irgendeines der letztgenannten Gerichte entscheiden.

(2) Vor der Entscheidung über das Gesuch holt das Gericht die Stellungnahme des Staatsanwalts ein. Liegen die gesetzlichen Voraussetzungen für eine Tilgung nicht vor, so wird das Gesuch vom Gericht abgelehnt, anderenfalls wird in der Sache selbst entschieden.

(3) Das Gericht entscheidet auf Antrag des Staatsanwalts oder von Amts wegen über die nachträgliche Aufhebung der die Tilgung aussprechenden Entscheidung, wenn die Tilgung für unwirksam erklärt wurde (§§ 102 Abs. 2, 104 Abs. 2 StGB) oder wenn nachträglich festgestellt wird, daß ein gesetzliches Hindernis für die Tilgung vorgelegen hat.

Die nachträgliche Entscheidung über die Kosten des Strafverfahrens

§ 382 Das Gericht entscheidet nachträglich darüber, wer die Kosten des Verfahrens zu tragen hat, wenn die rechtskräftige Entscheidung zu dieser Frage keine oder eine dem Gesetz nicht entsprechende Anordnung enthält. Die Berufung gegen diesen Beschluß hat aufschiebende Wirkung.

Die Entschädigung

§ 383 (1) Eine Entschädigung für erlittene Untersuchungshaft und für eine vorläufige Zwangsheilbehandlung ist zu gewähren, wenn

a) das Strafverfahren eingestellt wurde, weil die Handlung keine Straftat war oder nicht von dem Beschuldigten begangen wurde;

b) der Beschuldigte aufgrund des § 214 Abs. 3 Buchstaben a oder b freigesprochen wurde;

c) das Verfahren aufgrund der Zurücknahme der Anklage aus einem in Buchstaben a oder b bezeichneten Grund eingestellt wurde.

(2) Ein Beschuldigter, der sich vor der Behörde verborgen hat, die Flucht ergriffen oder zu fliehen versucht hat, der bestrebt war, zur Vereitelung des Erfolges des Strafverfahrens die Behörde irrezuführen oder der auf eine ihm zurechenbare Weise Anlaß gegeben hat, daß der Verdacht der Straftat auf ihn gelenkt wurde, hat keinen Anspruch auf Entschädigung.

§ 384 (1) Wegen einer aufgrund eines rechtskräftigen Urteils verbüßten Freiheitsentziehung, verschärfter Besserungs-Erziehungsarbeit, Sicherungsverwahrung oder durchgeführten Zwangsheilbehandlung hat der Beschuldigte Anspruch auf Entschädigung, wenn er im Wiederaufnahmeverfahren bzw. aufgrund einer Gesetzlichkeitsverwahrung rechtskräftig freigesprochen oder zu einer milderen Strafe verurteilt wurde, wenn das Strafverfahren aufgrund der Rücknahme der Anklage eingestellt wurde oder wenn festgestellt wurde, daß die Sicherungsverwahrung oder die Zwangsheilbehandlung ohne gesetzlichen Grund angeordnet worden war.

(2) Der Beschuldigte hat keinen Entschädigungsanspruch, wenn

a) er im Grundverfahren die Tatsachen oder Beweise, auf die sich das im Wiederaufnahmeverfahren ergangene Urteil stützt, verschwiegen hat;

b) er gegen das im Grundverfahren ergangene Urteil keine Berufung eingelegt hat;

c) gegen ihn im Fall eines Freispruchs die Durchführung einer Zwangsheilbehandlung angeordnet wurde.

§ 385 (1) Der Anspruch auf Entschädigung kann vom Beschuldigten innerhalb von sechs Monaten gerichtlich geltend gemacht werden. Wird der Entschädigungsanspruch auf eine aufgrund einer Entscheidung der Ermittlungsbehörde oder des Staatsanwalts erlittene Untersuchungshaft gestützt oder eine in einer hierzu bestimmten Heilanstalt durchgeführte vorläufige Zwangsheilbehandlung und wurden die Ermittlungen eingestellt, so ist der Anspruch bei dem Gericht, das für die Aburteilung der Sache sachlich und örtlich zuständig gewesen wäre, geltend zu machen.

(2) Die Frist von sechs Monaten beginnt an dem Tag, an dem im Fall des § 383 das rechtskräftige freisprechende Urteil bzw. die einstellende Entscheidung, im Fall des § 384 das aufgrund des Wiederaufnahmeverfahrens bzw. der Gesetzlichkeitsverwahrung ergangene rechtskräftige Urteil dem Beschuldigten mitgeteilt worden ist.

(3) Stirbt der Beschuldigte vor Abschluß des Entschädigungsverfahrens oder vor Ablauf der Frist, ohne daß er seinen Anspruch geltend gemacht hat, so können seine unterhaltsberechtigten Angehörigen um die Fortsetzung des Verfahrens ersuchen bzw. innerhalb der vorgeschriebenen Frist den Entschädigungsanspruch geltend machen.

(4) Das Gericht prüft nach Einholung der Stellungnahme des Staatsanwalts, ob die Voraussetzungen des Entschädigungsanspruchs vorliegen. Sodann legt es die Akten dem Justizminister vor, der, wenn er den Anspruch für begründet hält, dem Beschuldigten bzw. seinen unterhaltsberechtigten Angehörigen zu Lasten des Staates den entsprechenden Geldbetrag auszahlen läßt.

(5) Die dem Gericht zustehenden Aufgaben können im Entschädigungsverfahren auch durch den Gerichtssekretär wahrgenommen werden.

Die Rückerstattung

§ 386 (1) Der im Fall einer Besserungs-Erziehungsarbeit vom Arbeitslohn des Beschuldigten einbehaltene Betrag, die bezahlte Geldstrafe, die Kosten des Strafverfahrens, der Vermögensvorteil und der der Einziehung entsprechende Wert sind dem Beschuldigten zurückzuerstatten, wenn er im Wiederaufnahmeverfahren bzw. aufgrund einer Gesetzlichkeitsverwahrung rechtskräftig freigesprochen wurde oder wenn die Entscheidungen eine solche Verpflichtung nicht oder nur in einem geringeren Umfang enthalten.

(2) Im Fall der Vermögens- und sonstigen Einziehung gilt Absatz 1 mit der Maßgabe, daß der eingezogene Gegenstand in Natur zurückzugeben, bzw. bei Unmöglichkeit der durch die Veräußerung erlangte Gegenwert zurückzuerstatten ist.

III. Titel

Bestimmungen über das Militärstrafverfahren

§ 387 (1) Die Vorschriften dieses Kapitels sind auf das Militärstrafverfahren mit den nachfolgenden Abweichungen anzuwenden.

(2) Das Verfahren zur Gesamtstrafenbildung wird vom Militärgericht durchgeführt, wenn das Militärgericht eine der Strafen verhängt hat.

(3) Über die gerichtliche Straftilgung entscheidet das Militärgericht, wenn das Militärgericht eines von mehreren Urteilen erlassen hat.

IV. Titel

Verfahren im internationalen Bereich

§ 388 Die Vorschriften dieses Titels sind dann anzuwenden, wenn internationale Verträge nichts anderes bestimmen und sich aus der Gegenseitigkeit nichts anderes ergibt. Hinsichtlich der Gegenseitigkeit ist - sofern eine Rechtsvorschrift keine abweichende Regelung trifft - bis zur Einreichung der Anklageschrift die Erklärung des Obersten Staatsanwalts, danach die des Justizministers maßgebend.

Auslieferung

§ 389 (1) Ist gegen einen im Ausland befindlichen Beschuldigten, dessen Auslieferung zulässig ist, ein Strafverfahren einzuleiten, so erläßt das Gericht auf Antrag des Staatsanwalts einen Haftbefehl.

(2) Das Gericht erläßt ebenfalls einen Haftbefehl, wenn eine rechtskräftig verhängte Strafe gegen einen im Ausland befindlichen Beschuldigten zu vollstrecken ist.

(3) Der Haftbefehl ist zur Erwirkung einer Entscheidung über die Auslieferung wegen des weiteren Verfahrens dem Justizminister vorzulegen.

§ 390 (1) Wird von einer ausländischen Behörde um Auslieferung ersucht und ist dem Ersuchen ein Haftbefehl, ein Strafurteil oder eine andere Entscheidung, die die gleiche Wirkung wie diese hat, beigefügt, so ist die auszuliefernde Person - vorausgesetzt, die Auslieferung sei zulässig - in Haft zu nehmen (Auslieferungshaft). Gegen die Anordnung der Auslieferungshaft ist die Berufung nicht zulässig.

(2) Das Gericht ordnet unter der Voraussetzung, daß die Auslieferung zulässig ist, vor Eintreffen des Auslieferungsersuchens die Auslieferungshaft an, wenn Gefahr im Verzug ist und die ausländische Behörde um Auslieferung ersucht, selbst wenn die in Absatz 1 bezeichneten Unterlagen nicht beigefügt sind. Das Gericht legt die Entscheidung über die Auslieferungshaft dem Justizminister vor. Die Anordnung ist aufzuheben, wenn das dem Absatz 1 entsprechende Ersuchen nicht innerhalb von drei Monaten nach Beginn des Vollzugs der Auslieferungshaft eintrifft.

(3) Die auszuliefernde Person kann im Fall der Absätze 1 und 2 zum Zweck der gerichtlichen Vorführung von der Polizei für die Dauer von 72 Stunden festgenommen werden.

(4) Für das gerichtliche Auslieferungsverfahren ist der Senat des Hauptstädtischen Gerichts zuständig; er prüft das Auslieferungsersuchen, hört die auszuliefernde Person an, holt die Stellungnahme des Staatsanwalts ein und legt die Akten zusammen mit seinem Bericht dem Justizminister vor.

(5) Über die Auslieferung und ihre Durchführung entscheidet der Justizminister. Die Entscheidung ist der auszuliefernden Person mitzuteilen.

(6) Wer sich in Auslieferungshaft befindet, kann, abgesehen vom Fall des Absatzes 2, nur aufgrund einer Entscheidung des Justizministers auf freien Fuß gesetzt werden.

(7) Die Kosten des Verfahrens trägt im Fall einer auf Ersuchen einer ausländischen Behörde stattfindenden Auslieferung der Staat.

Ersuchen um Übernahme der Strafverfolgung

§ 391 Bis zur Einreichung der Anklageschrift kann der Oberste Staatsanwalt, danach der Justizminister um Übernahme der Strafverfolgung ersuchen.

§ 392 (1) Hinsichtlich des Ersuchens um Übernahme der Strafverfolgung unterbreitet bis zur Einreichung der Anklageschrift der Staatsanwalt dem Obersten Staatsanwalt, danach das Gericht dem Justizminister einen Vorschlag.

(2) Hält der Oberste Staatsanwalt bzw. der Justizminister es für begründet, um Übernahme der Strafverfolgung zu ersuchen, so stellt der Staatsanwalt bzw. das Gericht das Strafverfahren ein und leitet dem Obersten Staatsanwalt bzw. dem Justizminister einen Bericht zu.

(3) Der Bericht enthält die Personalien des Beschuldigten sowie eine kurze Beschreibung der von ihm begangenen Straftat nebst deren Bezeichnung nach dem Strafgesetz.

§ 393 Über die Annahme eines von einer ausländischen Behörde gestellten Ersuchens um Übernahme der Strafverfolgung entscheidet der Oberste Staatsanwalt.

Rechtshilfe in Strafsachen

§ 394 (1) Die Behörden der Strafjustiz gewähren auf Ersuchen eines ausländischen Gerichts oder einer anderen Strafjustizbehörde bei Vorliegen eines völkerrechtlichen Abkommens oder bei Gegenseitigkeit Rechtshilfe (Vernehmung von Zeugen, Sachverständigen, Zustellung von Schriftstücken usw.). Die Rechtshilfe ist auch bei Gegenseitigkeit dann zu verweigern, wenn ihre Gewährung gegen die öffentliche Ordnung verstoßen würde.

(2) In Rechtshilfeangelegenheiten verkehrt die Ermittlungsbehörde über den Obersten Staatsanwalt, das Gericht über den Justizminister mit der ausländischen Behörde.

(4) Bei der Gewährung von Rechtshilfe sind die Vorschriften des ungarischen Strafverfahrens anzuwenden; es können jedoch auf Wunsch der ersuchenden Behörde auch ausländische Verfahrensregeln angewendet werden, sofern dies nicht gegen die öffentliche Ordnung verstößt.

Anerkennung eines ausländischen Urteils

§ 394 a (1) Über die Geltung des Urteils eines ausländischen Gerichts (§ 6 StGB) entscheidet das Gericht von Amts wegen. In diesem Verfahren wird auch darüber entschieden, welche Rechtsnachteile sich aufgrund des ungarischen Gesetzes an die Verurteilung knüpfen.

(2) Das Gericht fordert den Verurteilten zur Abgabe einer schriftlichen Erklärung auf, hört ihn, falls erforderlich an oder ersucht ein anderes Gericht um die Anhörung. Gegen den Beschluß, der die Geltung eines ausländischen Urteils feststellt, ist keine Berufung zulässig.

(3) Für das Verfahren ist das Hauptstädtische Gericht sachlich und örtlich zuständig.

Übernahme der Strafvollstreckung

§ 394 b (1) Über die Übernahme der Vollstreckung einer durch ein ausländisches Gericht auferlegten Strafe (§ 7 StGB) entscheidet der Justizminister. Im Fall der Übernahme der Strafvollstreckung stellt das Gericht die zu vollstreckende Strafe fest.

(2) Das Gericht entscheidet in einer Verhandlung. Staatsanwalt und Verurteilte müssen bei der Verhandlung anwesend sein. Die Berufung gegen den Beschluß, der die Art und Weise der Strafvollstreckung bestimmt, hat aufschiebende Wirkung.

(3) Für das Verfahren ist das Hauptstädtische Gericht sachlich und örtlich zuständig.

XIX. Kapitel

Die Vollstreckung der Entscheidungen

Die Vollstreckbarkeit der Urteile

§ 395 (1) Ein Urteil kann nur dann vollstreckt werden, wenn es in Rechtskraft erwachsen ist.

(2) Das Urteil des erstinstanzlichen Gerichts erwächst an demjenigen Tag in Rechtskraft, an dem

a) die Berufungsberechtigten sich mit dem Urteil einverstanden erklärt bzw. die Berufung zurückgenommen haben;

b) die Berufungsfrist ohne Einlegung einer Berufung abgelaufen ist;

c) das zweitinstanzliche Gericht das erstinstanzliche Urteil bestätigt oder die Berufung zurückgewiesen hat.

(3) Das zweitinstanzliche Urteil erwächst mit seiner Verkündung in Rechtskraft.

Die Vollstreckbarkeit der Beschlüsse

§ 396 (1) Auf die Vollstreckbarkeit eines Beschlusses ist § 269 Abs. 2 anzuwenden.

(2) Kann hinsichtlich eines außerhalb der Verhandlung gefaßten Beschlusses um Durchführung einer Verhandlung ersucht werden, so wird der Beschluß an demjenigen Tag vollstreckbar, an dem die für die Einreichung des Gesuchs festgesetzte Frist abgelaufen ist, ohne daß die Berechtigten um Durchführung einer Verhandlung ersucht haben bzw. an dem der Ersuchende sein Gesuch zurücknimmt oder in der Verhandlung nicht erscheint. Dies gilt im Fall des § 354 Abs. 2 für die Anordnungen, die in dem ohne Verhandlung gefaßten Beschluß getroffen wurden, derentwegen keiner der Beteiligten um Durchführung einer Verhandlung ersucht hat.

Die Aufgaben des Gerichts

§ 397 (1) Die Vollstreckung von Strafen und Maßregeln sowie die Beitreibung von Ordnungsstrafen und der dem Staat gebührenden Kosten des Verfahrens obliegen dem Gericht.

(2) Sind hinsichtlich der Vollstreckung einer Strafe oder eines Teiles davon gegen einen sich an einem unbekannten Ort aufhaltenden Verurteilten Vorkehrungen zu treffen, so ordnet der Strafvollzugsrichter die Ermittlung des Aufenthaltsorts an bzw. erläßt im Fall der Verhängung von Freiheitsentzug oder einer verschärften Besserungs-Erziehungsarbeit gegen den Verurteilten einen Haftbefehl.

Aufschub und Unterbrechung der Strafvollstreckung, Bewilligung von Ratenzahlung

§ 398 (1) Hinsichtlich des Beginns des Freiheitsentzugs, der Besserungs-Erziehungsarbeit und der verschärften Besserungs-Erziehungsarbeit kann der Senatsvorsitzende bei Vorliegen eines schwerwiegenden Grundes Aufschub gewähren.

(2) Die Unterbrechung des Freiheitsentzugs, der Besserungs-Erziehungsarbeit und der verschärften Besserungs-Erziehungsarbeit kann bei Vorliegen eines schwerwiegenden Grundes vom Justizminister bewilligt werden.

(3) Der Senatsvorsitzende kann hinsichtlich der Bezahlung einer Geldstrafe, des Ausgleichs eines Vermögensvorteils, der Bezahlung des einer Einziehung entsprechenden Wertes, einer Ordnungsstrafe und der dem Staat gebührenden Kosten des Strafverfahrens Aufschub bzw. Ratenzahlung gewähren.

(4) Die in den Absätzen 1 und 3 bezeichneten Befugnisse nimmt der Senatsvorsitzende des erstinstanzlichen Gerichts wahr. Auch der Senatsvorsitzende des zweitinstanzlichen Gerichts kann nach dem Schluß der zweitinstanzlichen Verhandlung auf ein sogleich vorgebrachtes Ersuchen hin Aufschub oder Ratenzahlung gewähren.

(5) Gegen die Entscheidung des Senatsvorsitzenden ist die Berufung unzulässig.

Die Vollstreckung der Todesstrafe

§ 399 (1) Die Todesstrafe kann nur dann vollstreckt werden, wenn der Präsidialrat der Ungarischen Volksrepublik ein Gnadengesuch abgelehnt hat.

(2) Im Fall einer rechtskräftigen Verhängung der Todesstrafe fragt der Vorsitzende nach Verkündung des Urteils den Angeklagten, ob er um Begnadigung ersuchen will und fordert den Verteidiger auf, binnen drei Tagen das Gnadengesuch einzureichen. Anschließend gibt das Gericht nach Anhörung des Staatsanwalts in einer Senatssitzung eine mit Begründung versehene Stellungnahme zu der Frage ab, ob es den Angeklagten der Begnadigung für würdig erachtet. Über die Senatssitzung ist ein Protokoll aufzunehmen; für die Verwahrung des Protokolls ist § 162 Abs. 3 anzuwenden.

(3) Im Fall der Verhängung der Todesstrafe sind die Akten dem Obersten Gericht auch dann vorzulegen, wenn das erstinstanzliche Urteil in Rechtskraft erwachsen ist.

(4) Zur Frage der Begnadigung gibt der Vorsitzende des Obersten Gerichts nach Anhörung des Obersten Staatsanwalts eine Stellungnahme ab und leitet diese zusammen mit den Akten dem Justizminister zur Vorlage an den Präsidialrat der Ungarischen Volksrepublik zu. Die Entscheidung des Präsidialrates der Ungarischen Volksrepublik wird in Gegenwart des Verurteilten, des Staatsanwalts und des Verteidigers von dem Gericht, das das Verfahren in erster Instanz geführt hat, verkündet.

(5) Einer schwangeren Frau oder einer geisteskranken Person darf weder eine die Begnadigung ablehnende Entscheidung mitgeteilt, noch darf die Todesstrafe vollstreckt werden.

(6) Die Vollstreckung der Todesstrafe aufgrund eines in Abwesenheit des Angeklagten ergangenen Urteils (§ 192 Abs. 3 Buchstabe a) kann nur aufgrund einer im Wiederaufnahmeverfahren ergangenen rechtskräftigen Entscheidung durchgeführt werden.

Das Gnadengesuch

§ 400 (1) Ein Gesuch um Einstellung des Strafverfahrens kann bis zur Einreichung der Anklageschrift vom Obersten Staatsanwalt, danach vom Justizminister, ein Gesuch um Erlaß oder Milderung der Strafe, um Aufhebung der Sicherungsverwahrung oder um Straftilgung kann vom Justizminister - von Amts wegen oder auf Ersuchen - dem Präsidialrat der Ungarischen Volksrepublik vorgelegt werden.

(2) Im Fall der Vorlage eines auf Erlaß oder Milderung der Strafe, auf Aufhebung der Sicherungsverwahrung oder auf Begnadigung gerichteten Gesuchs kann der Justizminister den Aufschub oder die Unterbrechung der Vollstreckung der Strafe oder der Sicherungsverwahrung bis zur Entscheidung des Präsidialrates der Ungarischen Volksrepublik anordnen.

Erteilung der Verwarnung

§ 401 (aufgehoben).

Der Erlaß von materiellen Rechtsnachteilen

§ 402 (1) Der Justizminister kann in Fällen, die eine besondere Würdigung verdienen, die Zahlung der dem Staat gebührenden Kosten des Verfahrens, den Ausgleich eines Vermögensvorteils sowie die Bezahlung eines der Einziehung entsprechenden Wertes oder einer Ordnungsstrafe ganz oder teilweise erlassen.

(2) Die Einzelheiten der Vollstreckung von Strafen und Maßregeln werden durch besondere Rechtsvorschriften geregelt.

XX. Kapitel

Verschiedene Anordnungen

§ 403 (1) Wo dieses Gesetz Bestimmungen über Angehörige oder staatliche Organe enthält, ist § 137 StGB maßgebend.

(2) Wo dieses Gesetz Bestimmungen über den Oberkomitatsstaatsanwalt bzw. das Komitatsgericht trifft, sind darunter auch der Oberstaatsanwalt der Hauptstadt und das Hauptstädtische Gericht zu verstehen. Die Vorschriften über den Oberkomitatsstaatsanwalt bzw. über die Komitatsgerichte sind auch auf den Oberstaatsanwalt der Hauptstadt bzw. das Budapester Hauptstädtische Gericht anzuwenden.

§ 404 (1) Der Justizminister wird ermächtigt:

a) eine Liste derjenigen Rechtsanwälte zu erstellen, die als Verteidiger im Militärstrafverfahren bzw. in solchen Sachen auftreten können, in denen die Wahrung von Staatsgeheimnissen dies rechtfertigt;

b) die Organisation der Gerichtssachverständigen und der Organe, die als Sachverständige und zur Überprüfung von Gutachten bestellt werden können, die Tätigkeit der Gerichtssachverständigen und andere Teilfragen hinsichtlich der Sachverständigen im Einvernehmen mit dem Innenminister, dem Obersten Staatsanwalt und den zuständigen Ministern (Leitern von Organisationen mit nationaler Zuständigkeit), im Bereich des Militärstrafverfahrens im Einvernehmen mit dem Verteidigungsminister zu regeln;

c) die Einzelvorschriften über die Gebühren der Sachverständigen und Fachberater, über die den Zeugen und Sachverständigen zustehende Auslagenerstattung sowie die wegen der Untersuchung eines Sachverständigen geschuldete Entschädigung im Einvernehmen mit dem Arbeitsminister, mit den übrigen zuständigen Ministern und mit dem Obersten Staatsanwalt zu erlassen;

d) die Vorschriften über die Einziehung und die Verwertung der eingezogenen Gegenstände im Einvernehmen mit dem Finanzminister und gemeinsam mit dem Innenminister und dem Obersten Staatsanwalt zu erlassen;

e) die Einzelvorschriften über die Beschlagnahme im Einvernehmen mit dem Finanzminister und gemeinsam mit dem Innenminister und dem Obersten Staatsanwalt zu erlassen;

f) die Vorschriften über die Aufzeichnung der Strafverfahrenshandlungen auf andere Weise als durch Protokoll gemeinsam mit dem Innenminister und dem Obersten Staatsanwalt zu erlassen;

g) die Vorschriften über den Vorschuß von Kosten des Strafverfahrens sowie über die Vollstreckung und Verrechnung der dem Staat gebührenden Kosten des Strafverfahrens gemeinsam mit dem Finanzminister, dem Innenminister und dem Obersten Staatsanwalt zu erlassen;

h) die Vorschriften über die Zustellung der gerichtlichen Entscheidungen zu erlassen;

i) die Einzelvorschriften hinsichtlich der Vorlage der Akten und des Berichts in Zusammenhang mit der Auslieferung im Einvernehmen mit dem Obersten Staatsanwalt zu erlassen;

j) die Vorschriften über die Unterbringung in einer psychiatrischen Anstalt aufgrund einer nach der Begehung der Straftat eingetretenen Geisteskrankheit im Einvernehmen mit dem Gesundheitsminister und dem Obersten Staatsanwalt zu erlassen;

k) die Aufgaben der Gerichte und anderer Organe hinsichtlich der Vollstreckung der in Strafsachen ergangenen Entscheidungen gemeinsam mit dem Obersten Staatsanwalt und den betreffenden Ministern zu regeln;

l) die Vollstreckung der gegenüber Jugendlichen verhängten Strafen und Erziehungsmaßregeln im Einvernehmen mit dem Innen-, Kultus- und Arbeitsminister und dem Obersten Staatsanwalt zu regeln.

(2) Der Innenminister wird ermächtigt, im Einvernehmen mit den betreffenden Ministern (Leitern von Organisationen mit nationaler Zuständigkeit) zu bestimmen, welche Organe von der Einleitung eines Strafverfahrens zu benachrichtigen sind.

§ 405 Durch dieses Gesetz werden die Wirkungen der diplomatischen oder sonstigen persönlichen Immunität sowie die besonderen Verfahrensvorschriften, die mit der diplomatischen oder sonstigen persönlichen Immunität zusammenhängen, nicht berührt. Auch das Immunitätsrecht der Parlamentsabgeordneten wird durch das Gesetz nicht berührt.

§ 406 Die Ersuchen anderer Gerichte können außer vom Richter des Ortsgerichts, den der Vorsitzende bestimmt, auch vom Notar und vom Gerichtssekretär erledigt werden.

§ 407 (1) Dieses Gesetz tritt am 1. Januar 1974 in Kraft.

(2) Mit dem Inkrafttreten dieses Gesetzes treten außer Kraft:

a) die GVO Nr. 8 von 1962 über das Strafverfahren, modifiziert und ergänzt durch die GVO Nr. 16 von 1966,

b) die Verordnung des Justizministers Nr. 4 von 1962 (VI. 14) IM über das Inkrafttreten der GVO Nr. 8 von 1962 über das Strafverfahren,

c) die noch geltenden §§ 31 und 32 der GVO Nr. 34 von 1957 über die Volksgerichtssenate und über die Regelung einzelner Fragen der Gerichtsverfassung sowie des Strafverfahrens,

d) § 37 Absatz 2 der GVO Nr. 10 von 1962 über das Inkrafttreten und die Durchführung des Strafgesetzbuchs und einzelne Ordnungswidrigkeiten,

e) der 2. Satz des § 5 Abs. 1 der GVO Nr. 21 von 1966 über die Vollstreckung der Freiheitsstrafe und die Durchführung der Untersuchungshaft.

(3) An die Stelle des 2. Satzes des § 38 der GVO Nr. 12 von 1958 über die Ausübung des Rechtsanwaltsberufes und die Organisation der Anwaltschaft, modifiziert durch die GVO Nr. 22 von 1966, tritt folgende Verfügung: "Ein Rechtsanwaltsanwärter kann vor dem Obersten Gericht und in einer Strafsache vor dem Komitatsgericht nicht auftreten".

(4) Die erforderlichen Übergangsbestimmungen werden vom Justizminister im Einvernehmen mit dem Innenminister und dem Obersten Staatsanwalt auf dem Verordnungswege erlassen.

MIX
Papier | Fördert gute Waldnutzung
FSC® C083411

Kolibri 360 GmbH
Ferdinand-Jühlke-Straße 7
99095 Erfurt, Deutschland
produktsicherheit@kolibri360.de